일본 아침독서운동 제창자 하야시 히로시가 말하는

아침독서의 이상과 실천

일본 아침독서운동 제창자 하야시 히로시가 말하는

아침독서의 이상과 실천

하야시 히로시 지음 | 가미야마 미나코 · 홍이표 옮김

(사)행복한아침독서

아침독서로 함께 만드는 희망의 길

올해는 제가 2005년 2월에 하야시 히로시 선생님의 책인 『아침독서 10분이 기적을 만든다』를 번역 출간하면서 시작된 우리나라의 아침독서운동이 10주년을 맞이하는 뜻 깊은 해입니다. 아침독서운동 10주년을 맞으며 일본에서 아침독서운동을 제창한 하야시 선생님의 책을 다시 내게 되어 무척 기쁩니다.

한 학교에서 시작된 아침독서운동이 2만 7천개가 넘는 학교로 확산된 일본의 사례를 보면서 저는 자연스럽게 장 지오노가 쓴 『나무를 심은 사람』의 주인공 엘제아르 부피에를 떠올렸습니다. 엘제아르 부피에가 황무지에 수십 년 동안 매일 100여 개의 흠 없는 도토리를 정성껏 심어 생명의 숲을 만든 것처럼, 하야시 선생님은 황량한 일본 교육에 아침독서운동이라는 희망의 씨앗을 수십 년간 심어오며 아이들에게 희망을 선물했습니다.

이 책에는 아이들을 생각하는 선생님의 깊은 마음이 잘 드러나 있습니다. 교사로서 아이들이 처한 현실을 안타까워하는 진정성이 그대로 느껴지고, 아침독서운동을 시작해야만 했던 절실한 심정이 공감 됩니다. 또한 40대 중반의 한참 나이에 열정을 갖고 아침독서운동을 시작했지만 그 과정에서 동료 교사들의 비협조로 어려움과 좌

4

절을 겪으면서 감내해야 했던 마음고생도 엿볼 수 있습니다. 세상에 없는 길을 새롭게 만드는 개척자가 겪어야만 하는 어려움이라 생각합니다.

우리나라의 아침독서운동도 지난 10년간 많은 변화가 있었습니다. 10년의 시간이 흐르면서 아침독서운동은 다양한 모습으로 학교 현장에 자리를 잡았습니다. 아침독서운동의 맛을 본 교사들이 소신을 갖고 소박하게 자신의 교실에서 매일 아침 아이들과 책을 읽으며 긍정적인 변화를 이끌어 왔습니다. 아침독서운동은 요란한 구호가 아니라 소박한 책읽기로 아이들의 삶을 바꾸는 조용한 혁명입니다. 이런저런 이유로 책을 멀리하던 아이들이 담임선생님의 열정과 친구들의 책 읽는 모습에 영향을 받아 조금씩 책과 친해지고, 차츰차츰 책 읽는 재미를 알게 되면서 좋은 독서가로 자라고 그만큼 행복한 삶을 살 수 있도록 만들어주는 것이 아침독서운동이 꾸는 꿈입니다.

사실 이 책은 몇 년전에 출판계약이 이루어졌지만 이런저런 일로 지금까지 출간이 지체되었습니다. 이 책의 늦은 출간이 건강이 좋지 않은 하야시 선생님에게 작은 위로가 되면 좋겠습니다. 하야시 선생님을 한 번도 뵌 적은 없지만 그 분의 삶과 책은 제 삶에 좋은 길잡이가 되고 있습니다. 아침독서운동이 가진 무한한 가능성에 대한 선생님의 확신이 담긴 이 책이 한국의 독자들에게 큰 울림을 주고 실천으로 이어지기를 바랍니다. 아침독서운동이 가진 꿈이 길이 되어 많은 선생님들과 함께 걸을 수 있기를 소망합니다.

2015년 1월 한상수_㈔행복한아침독서 이사장

아이들은 원래 책을 좋아합니다

저의 졸저가 한국에서 번역 소개되는 것으로 이 책은 두 번째가 됩니다. 처음 한국에 소개된 책은 한상수 선생님께서 한글로 옮겨주신 『아침독서 10분이 기적을 만든다』(청어람미디어, 2005)였습니다. 그런데 이 책의 일본어 제목인 『금방 따라할 수 있는 아침독서 실천 매뉴얼』에서 잘 드러나듯, 한국에 소개된 첫 번째 책은 학교 선생님들께서 아침독서를 처음 시작하실 때 참고가 되도록 매뉴얼 형식으로 쓴 것이었습니다.

이번 책은, 제가 왜 아침독서를 제창하게 되었는지, 그 원점에서 설명해 나가고 있습니다. 현재 일본에서는 전국 초·중·고교에서 총 27,796개 학교가 아침독서(2014년 12월 22일 현재)를 실시하고 있습니다. 전국 각급 학교의 75%(소학교 80%, 중학교 81%, 고등학교 44%)에 해당하는 수치입니다.

그중에는 언뜻 보면 아침독서처럼 보이지만 제가 제창한 아침독서와는 이질적인 것도 있습니다. 아침독서의 실천이 증가해 갈수록, 다양한 형태의 아침독서가 나타나는 것은 당연한 일인지도 모르겠습니다. 하지만 이 운동의 출발점이면서 동시에 추진력이 되었던 이른

바 아침독서 4원칙(1. 모두가 함께 2. 날마다 3. 좋아하는 책을 4. 그냥 읽기만 하는 것)은 바꾸지 않으면 좋겠습니다. 그 원칙을 수정해 버리면, 일본에서 실패를 반복해 왔던 과거의 '독서운동'과 다를 바 없는 결과를 낳게 되기 때문입니다. 이 책은 그러한 시행착오를 막기 위해서 '아침독서의 이상'과 '그 이상에 기초한 실천'에 대해 기록한 것입니다.

이 책은 한국에서 아침독서가 어느 정도 실천되고 있는지, 또한 한국의 학교나 교육 현실을 자세히 알지 못한 상태에서 쓰였기 때문에, 내용을 한국에서 그대로 적용하는 데는 부족함이 있을지도 모릅니다. 하지만 아침독서운동에 관심을 지닌 독자들, 특히 학교 현장의 선생님들께 일본의 아침독서가 전국 2만 7천 개 이상의 학교로 확산될 수 있었던 요인 몇 가지를 소개하겠습니다.

무엇보다 첫 번째로 강조하는 것은, 아침독서 그 자체가 모든 아이들의 자연스럽고 본능적인 욕구에 합치하고 있었다는 점입니다.

아이들은 원래 책을 좋아하며, 독서에 큰 흥미를 느끼는 존재입니다. 아침독서의 소박하면서도 실로 위대한 공헌은, 모든 아이들이 원래는 책과 독서를 좋아하는 존재였다는 사실을 실제로 증명해 보였다는 점입니다. 이 점은 몇 번을 강조해도 지나침이 없을 것입니다. 아무 책에나 자유롭게 다가가며, 자기 수준에 맞는 무리 없는 독서가 보장되었을 때, 아이들은 한 명도 남김없이 자기 나름의 견실한 독서를 진행시켜 갔습니다. 자신에게 꼭 맞는 독서 산책을 통해 아이들은 스스로 성장을 이뤄 나갈 수 있습니다.

두 번째는 아침독서가 어떤 선생님이든, 어떤 학생이든, 누구든지 실행할 수 있는 알기 쉬운 방식이라는 점입니다. 우리는 아침독서의 확실한 실천 방향을 계속 찾던 시절부터 이미 '누구든지, 어디에서라도, 언제든지 읽을 수 있다'는 실천 목표를 세우고 있었습니다. 그 자세한 내용에 대해서는 이 책을 직접 읽어 보면 확인하실 수 있을 것입니다. 자기 나라의 말로 된 책을 '누구든지, 어디에서라도, 언제든지 읽을 수 있다'는 것은, 당연한 일입니다. 누구는 읽을 수 있지만, 누군가는 읽을 수 없는 것이라면 안 됩니다.

　세 번째는 성실하고 열정 넘치는 교사, 아이에게 도움이 되는 참된 교육이란 무엇인가를 계속해서 고민하던 교사가 일본의 전국 방방곡곡에 널리 숨죽이고 있었던 것입니다. "아침독서를 해보시지 않겠습니까?"라고 호소하는 엽서를 4만 장 넘게 전국에 보냈을 때, 마치 손꼽아 기다리기라도 했던 것처럼 즉시 반응해 준 300여 명의 선생님들을 잊을 수 없습니다. 처음 아침독서를 시작했을 때부터 함께 해주신 이 선생님들이야말로 아침독서운동의 주춧돌을 쌓아 올리신 분들입니다.

　자세하게 소개할 공간이나 여유는 없습니다만, 일부 언론이나 출판사 그리고 정부의 문부과학성을 비롯한 일부 교육행정 관계자들의 이해와 구체적인 지원 활동도 있었습니다. 물론 그러한 도움의 손길들은 우리의 기대에 비하면, 지극히 소수파의 미미한 몸짓에 불과했지만, 그 또한 우리가 받아들여야 했던 일본의 현실이었습니다. 지금도 그러한 상황은 크게 변하지 않고 있습니다.

아침독서의 가장 큰 추진력이 되어 준 것은, 전국에 흩어진 소수의 열정 넘치는 교사들이었음은 두말할 나위가 없습니다. 하지만 동시에 이 '운동'을 가로 막는 가장 큰 벽이 되었던 사람들도 바로 교사들이었습니다. 냉소적인 교사들이 훨씬 많았습니다. 같은 학교 현장에 아침독서의 지지자와 방해자들이 공존하였던 것입니다.

　　이 말은, 일본의 학교 현장이 독서를 지극히 중요한 교육의 토대로 인식할 것이라는 막연한 추측에 비해서, 그 현실은 독서에 대한 완전한 결핍 상태를 오랜 전통 가운데 이어왔음을 의미합니다. 당연하듯이 독서는 교과목 커리큘럼 속에서 지금도 배제되어 있으며, 아이들이 책을 읽을 수 있도록 배려하는 것도 구체적인 '교육목표'로서 전혀 다뤄지지 않았습니다.

　　독서 교육을 위해 맨 앞에 서야 할 교사들 대부분이, 독서의 중요성과 그 절대적인 필요성에 대해 절실하게 느끼지 못하고 있었습니다. 그렇기 때문에 처음 아침독서운동을 시작하는 전국의 모든 학교는 "왜 그런 일까지 하면서 책을 읽혀야 하는지 모르겠다"는 다수 선생님들의 회의와 냉소를 설득하는 일부터 시작해야만 했습니다. 일부 학교에는 지금도 그러한 현상이 남아 있습니다.

　　모든 선생님들에게 부탁하고 싶은 것은, 아이들 하나하나가 성장하는 데는 오랜 시간이 필요하며, 아이에 따라 그 성장 방법도 모두 다르다는 사실을 잊지 말아 주셨으면 좋겠습니다. 책을 읽지 않는 아이, 혹은 읽을 수 없는 아이의 모습 속에는, 아이 하나하나의 내밀한 성장 과정과 짧지 않은 역사가 깊이 새겨져 있음을 의미합니다. 그러므로 한 아이, 한 아이에 대한 각별하고도 적절한 독서 지도가 필요한 것입니다.

모든 일이 그렇겠지만, 교육이라는 '대사업'은 더더욱 그 주체가 되는 선생님들 상호간의 공통 인식이 깊어져야 합니다. 그래서 가능한 한 공동체적으로 함께 보조를 맞추어 교육 활동을 실천에 옮겨 가야 할 것입니다. 아이들은 그러한 선생님들의 모습을 보면서 자연스럽게 배울 수 있을 것입니다. 한국과 일본 두 나라가 손을 맞잡고 아침독서운동을 통하여 세계의 선두에 서기를 기대합니다.

2015년 1월 하야시 히로시

학교가 직면한 과제들

아침독서 실시의 확대와 그 변화

'아침독서추진협의회'의 조사에 따르면 2007년 6월 29일 기준으로 전국 초·중·고등학교 가운데 아침독서를 실시하는 학교의 수가 모두 24,800개 교에 이릅니다.

학교별 내역을 살펴보면, 초등학교가 15,700개 교, 중학교가 7,327개 교, 고등학교가 1,773개 교로 분포하고 있습니다. 이를 실시 비율로 환산하면, 전체 학교 중 63.18%가 아침독서를 실시하고 있다는 결론에 이릅니다. 이 중 초등학교와 중학교의 비율은 각각 68.62%와 66.66%로 전국 학교의 절반을 훨씬 웃도는 수치입니다. 그러나 아쉽게도 고등학교의 실시율은 전국 평균 32.92%에 그칩니다. 즉, 세 학교 가운데 한 학교 정도만 아침독서를 실시하는 상황입니다. 고등학교를 졸업하게 되면 그 이후엔 책을 읽을 기회가 더더욱 줄어들 가능성이 높아지므로, 이 상황이 지속된다면 일본 청년의 세 명 중 두 명이 거의 책을 읽지 않는 비관적 상황에 처할지도 모릅니다.

실시 규모는 다음과 같이 보고되고 있습니다. 먼저 초·중·고등학교의 아침독서 실시 학교 24,800개 교 가운데 전교생이 모두 실시하는 곳은 22,067개 교(88.98%)입니다. 이어서 학년 단위로 자율적인 운영을 실시하는 곳이 1,778개 교(7.17%), 학급 단위로 자율적인 운영을 실시하는 곳은 845개 교(3.41%)입니다. 수업시간에만 실시 중인 곳은 110개 교(0.44%)입니다. 이 보고 결과는 비록 100%는 아니라고 해도 우리가 제창하는 전교생 시행 방식이 상당수 학교의 지지를 받아 정착해 가고 있음을 알려 줍니다.

실시 학교 수 추산을 참고 삼아 우리가 진행해 온 아침독서의 역사를 간략히 살펴보고자 합니다. 우리가 일선 학교에서 처음으로 전교생이 모두 참여하는 아침독서를 시행한 때는 1988년 4월이었습니다. 아마도 이때는 학교 전체가 아침독서를 실천하는 학교가 전국에서 단 한 곳에 불과했을지도 모릅니다.

이후 1993년 12월에 『아침독서가 기적을 일으키다』가 출간되면서 아침독서가 전국적으로 알려지게 되었습니다. 또한 아침독서추진협의회가 주식회사 '도한(東販)'의 전폭적인 지원과 협력으로 발족하면서 전국에 걸쳐 아침독서 실시학교 조사도 시행할 수 있었습니다.

아침독서 실시 100개 교 달성을 이룬 때는 1996년 4월입니다. 이후 대망의 1,000개 교 달성은 3년 후인 1999년 2월에 이루었습니다. 그 당시 우리들에게 이 1,000이라는 숫자는 아무리 노력해도 실현 불가능한 숫자이며, 막연한 꿈의 숫자였습니다. 아무리 애를 써도 족히 10년은 걸릴 거라고 모두가 생각했지만, 100개 교 달성 이후 3년 만에 그 꿈을 이룬 것입니다. 급기야 같은 해(1999년) 연

말, 우리는 1,000이라는 숫자가 2,000으로 바뀌는 기적을 목격했습니다.

이후 참여 학교의 가파른 증가로 2000년 12월에 5,000개 교를 달성했고, 2002년 8월에는 10,000개 교 달성, 2003년 12월에는 15,000개 교 달성, 그리고 마침내 2005년 8월에 20,000개 학교가 참여하게 되었습니다. 일본 속담에 "돌 위에서도 3년, 힘든 세월 10년"이라는 말이 있는데, 그 말처럼 우리가 바위에 달걀을 던지는 심정으로 꿈꿔 왔던 '아침독서운동'은 그 꿈의 실현을 목격할 때까지 무려 17년 반의 세월이 걸렸습니다. 길고도 먼 힘든 여정이었지만 돌이켜 보면 말 그대로 세월은 쏜살같았습니다.

여기서 몇 가지, 숫자상으로 주목해야 할 점이 있습니다.

첫째, 전국에 있는 초·중·고 합계의 실시율을 비교해 보겠습니다. 먼저 돗토리·사가현의 91%를 선두로, 후쿠이 87%가 그 뒤를 잇고, 시마네 86%, 아키타와 나가노 85%, 시즈오카 84%, 나가사키 81%, 마지막으로 도야마가 80%의 실시율을 보입니다. 즉 지방 학교들의 적극적인 참여가 눈에 띕니다.

둘째, 초등학교의 실시율에서는, 돗토리 99%에 이어 사가 97%, 후쿠이 95%, 아키타·나가노·토야마·시마네 93%, 이시카와 90%, 시즈오카 87%, 후쿠시마 86%, 이와테·오카야마 85%, 이바라키·야마나시 84%, 시가 82%, 도치기·군마·기후·나가사키 81%, 야마가타·미에 80%입니다. 이에 반해 도쿄 44%, 오사카 49%, 홋카이도는 50%로 저조한 참여율을 기록했습니다. 일부 지역에서 나타난 이런 현상의 원인을 정확하게 조사할 필요가 있을 것 같습니다. 덧붙여서 초·중·고 합계의 실시율에 있어서도 최하위 3개 지역은 동일하게도 도쿄, 오사카, 홋카이도였습니다(도쿄 38%, 오사카 43%, 홋카이도 44%). 이 원인도 반드시 밝혀내어, 반성과 성찰을 통해 올바른 대책을 강구해야 할 것 같습니다.

셋째, 중학교의 경우 나가노가 96%로 가장 높은 참여율을 보였습니다. 그 뒤를 이어 돗토리·시마네가 92%를 기록했고, 사가 88%, 아키타·야마가타·도치기 87%, 이와테·오키나와 85%, 시즈오카·나가사키 84%, 이바라키·오카야마 83%, 고치 81%, 군마·도야마 80% 등 여러 지역이 높은 참여율을 달성했습니다. 그런데 여기에서도 최하위 3개 지역은 도쿄, 홋카이도, 오사카였습니다. 도쿄의 참여율은 41%, 홋카이도와 오사카의 참여율은 46%에 머물렀습니다.

넷째, 고등학교의 경우 전국 평균 실시율이 겨우 32.92%에 불과했습니다. 그러나 나가사키 75%, 사가 74%, 시즈오카 72%, 미야자키 71% 등 몇 개 지역은 70%를 넘는 참여율을 보였습니다. 또한 에히메, 고치, 히로시마, 구마모토, 도치기, 후쿠이, 야마나시 등도 모두 60% 이상의 참여율을 보였는데, 이는 매우 고무적인 현상이었습니다. 그에 비해 도쿄, 오사카, 가나가와, 사이타마, 지바, 니가타 지역은 두드러지게 저조한 참여율을 보이고 있어, 진학 경쟁이 치열한 지역이 뚜렷하게 아침독서에 낮은 관심도를 나타냈습니다. 이것은 이른바 낙오 학생들을 위한 독해력 함양 대책이 지극히 불충분하다는 사실을 반증하는 대목이라 불안을 지울 수 없습니다.

아무리 입시 경쟁 위주의 학교운영이 이루어진다고 해도 가나가와 11%, 사이타마 13%, 지바·오사카 14%, 도쿄·니가타의 16%는 지나치게 낮은 참여율이 아닐까요? 이 숫자는 이러한 도도부현에 있어서의 교육, 특히 고교 교육의 실제 내용이 무엇을 담아내고 있는지 여실히 보여주는 현상적 지표라 할 수 있습니다.

직면한 과제들

'아침독서운동'을 처음 제창하고 그 실천의 첫발을 내딛던 때로부터 17년 동안 항상 본연의 자세를 잃지 않고 그 선두에 서 온 우리가 직면한 몇 가지 과제들에 대해서 조금 더 얘기하겠습니다.

첫째, 단지 한 학교에서 시작되어 마침내 20,000개 교를 넘기게 된 지금, 그 17년 동안의 발걸음 속에서 각 지역별 실시율이 극단적인 높낮이의 격차를 보였다는 점입니다. 대체 일본 학교 교육 현장에 어떤 문제가 있는지를 냉정하고 객관적으로 규명할 필요가 있어 보입니다. 그것은 다른 누구도 아닌, 현장에서 뛰는 교사 스스로가 직접 하지 않으면 안 되는 일입니다.

둘째, 아침독서를 가로막는 가장 강력한 장벽은 밖에 있는 것이 아니라 우리 교사들 스스로에게 있다는 점입니다. 즉, 실제 학교 현장에서 이것을 적용하고 실천해야 하는 교사 자신의 마음속에 그 구체적 방법론에 대한 인식의 차이가 존재한다는 사실입니다. 이것은 매우 안타까운 일입니다만, 저 자신도 현장에서 그러한 동료 교사들과의 인식 차이를 느끼며 몇 번이나 부딪쳤던 기억이 있습니다. 예를 들어 '독서보다 계산이나 한자 암기 쪽이 훨씬 중요하다'라든가, '독서보다는 진학을 위한 수험 공부 쪽이 더 중요하다'라는 생각이 여전히 현장 교사의 절반, 아니 그 이상으로 뿌리 깊게 존재한다는 사실입니다.

셋째, 앞선 내용과 뿌리를 같이하는 것이라 생각됩니다만, 문부과학성(교육·과학기술·학술·문화·스포츠·종교에 관한 행정사무를 담당하고 있는 일본 행정 기관 – 역자 주)의 추천 및 지지가 있거나 교육위원회의 적극적인 추진 노력이 있으면, 단 한순간에 후닥닥 전국적으로 퍼져 나가는 상황을 여러 번 목격할 수 있었다는 점입니다. 그러나 문제는 면종복배(面從腹背), 즉 겉으로는 복종하는 듯 처신하지만 실제 마음속으로는 저항하는 경우가 허다하다는 사실입니다. 쉽게 말해 문부과학성이나 교육위원회가 명령하기 때문에 할 수 없이 하는 경우가 많고, 교사 스스로가 아침독서의 참된 필요성이나 중요성을 인식하지도 않고 고민하지도 않는 경우가 상당히 많은 게 현실입니다.

넷째, '아침독서는 확대되기만 해도 좋다'라는 제일의 방침은, 그 수에 있어서만큼은 예상을 뛰어넘어 많은 확대를 이끌어 냈습니다.

하지만 제 노력은 이제 겨우 세상에 알려진 정도입니다. 변변히

걸을 수도 없는 힘없는 다리로 누비고 다녔지만, 그것은 결국 컵 속에서 발버둥 친 것에 지나지 않았습니다. 굳이 말한다면, 저 혼자서만 세상을 향해 토해 내던 외침을 지금까지 해 왔듯이 힘닿는 대로 최대한 이어가는 것, 목표 수치의 달성이 가능할 것이라고 배짱 좋게 외치는 것밖에 달리 방법이 없을 것 같습니다.

저는 "아침독서를 통해 적어도 51%(과반수)의 교사들을 변화시키고 싶다"라고 말했지만, 그것은 거짓말입니다. 사실은 100% 교사들의 변화를 바라고 있습니다. 일본에서 무수한 교육 개혁이 시행되었고 앞으로도 계속 이루어질지라도, 교사 집단에 속한 선생님들 개개인의 자질이 변하지 않으면 일본 국민들은 몇 번이고 과거와 같은 잘못을 반복해서 범하고 말 것입니다. 일본의 모든 교사가 매일 아침 수업 직전의 10분 동안, 학생의 현실을 정면으로 마주 보면서, "일본의 교육은 이대로 괜찮은 것일까?", "교사로서 나 자신은 이대로 좋은가?"라는 질문을 던지게 되길 바랍니다. 그 시간을 통해 스스로를 겸허히 돌아보는 시간을 갖는다면 바로 거기서 우리는 희망을 발견할 것입니다.

2007년 7월 하야시 히로시

| 차례 |

1 아이들이 변한다, 선생님이 변한다, 학교가 변한다

2 교사의 자기변혁을 이끄는 아침독서

아침독서는 결코
달걀로 바위 치기가 아니다!

20년 전의 '학교 개혁안'

제가 아침독서를 주창하게 된 과정은 한마디로 설명하기 힘듭니다. 그 여정은 마치 풀어낼 수 없는 몇 개의 길이 뒤엉킨 복합체와도 같습니다. 지금까지 누구에게도 말한 적이 없는, 억센 덤불로 둘러싸이고 잡초가 무성해 결국 사라진 그 '길'에 대해 기록으로 남기려고 합니다. 이 기록은 제가 직접 학교에서 가르칠 때는 너무 바빠서 포기했던 것들이며, 병에 걸려 투병 중일 때는 너무 고통스러워 잊고 지냈던 이야기입니다.

아침독서운동을 처음으로 제안했을 때, 우연히 오래전에 적어 뒀던 메모를 쓰레기 더미 속에서 찾아냈습니다. 20여 년 전에 쓴, '학교 개혁안'이라고 제목을 붙인 사적인 글의 초고였지요. 당시에는 아침독서보다도 비교할 수 없을 만큼 중요하고 긴급한 내용이었습니다. 100개 이상의 구체적인 제안들로 작성된 '학교 개혁안'은 학교의 모든 교사들에게 호소하는 내용이었습니다.

아침독서는 그때 작성된 100개 이상의 제안 항목 중 하나에 불과했습니다. 강조하기 위해 큰 글씨로 써진 것도 아니었고, 동그라미 표시도 없었습니다. 당시에 저는 교사로서 아침독서보다 훨씬 중요한 과제가 많다고 생각했던 것입니다.

스물일곱 살이 되어서야 교사가 될 수 있었던 제게 학교라는 공간은 참 신기한 곳이었습니다. 직접 상대하게 된 학생들도 생명력 넘치는 신기한 존재들이었습니다. 그렇게 느낀 이유 중 하나는 시험에 대한 학생들의 순진한 모습 때문입니다. 예를 들어, 그때까지 너무나 시끄럽던 학생들이 "자! 지금부터 시험 치겠습니다" 하고 문제지를 나눠 주기 시작하면 갑자기 조용해지고 진지해집니다. 학생들의 이러한 모습에 대해서는 앞으로 몇 가지 관점을 갖고 자세히 살펴볼 계획입니다.

아무튼 이것이 바로 일본의 그 대단한 학교 교육이 이뤄 낸 구체적이고 '위대한' 성과 중 하나가 아닐까 싶었습니다. 그것은 학교와 공부를 싫어하는 학생들이 수업시간 중에 표출하는 비협조적인 태도와는 너무나 대비되는 모습이었습니다.

그래서 저는 시험이 얼마나 의미 없고 해로운 일인지를 증명하기 위해 시험을 대신할 수 있는 교육방법을 구체적으로 만드는 작업에 착수했습니다. '시험의 권위'를 무너뜨리고 '시험의 허위성'을 드러내려는 계획이었지요.

바로 10년 정도 걸려 만들어 낸 '정기고사의 폐지' 제안이었습니다. 그 후 학교에서 추방될 때까지 십수 년간 매일같이 이 주장을 반복했지만 교내에서는 아무도 저의 제안을 귀담아듣지 않았습니다.

심지어 저를 상대해 주지도 않았습니다.

사실 시험이란 대단한 것이 아닙니다. 하지만 교사들에게 시험은 학교 교육의 '신(神)'이었습니다. 교사들은 시험을 치르면서 학생들로부터 권위를 유지해 갈 수 있다고 믿었습니다. 이 근거 없는 믿음을 아무도 의심하지 않았습니다. 결국 시험은 교사들의 권위를 지켜주는 '수호신' 같은 존재이자 불가침 영역이 되었습니다.

그 증거로서 역량이 부족한 교사일수록 시험을 학생에 대한 '협박의 수단'으로 사용하고 있었습니다. "이것은 시험에 나오니까 꼭 외워 둬!", "조용히 들으라는데, 왜 이렇게 시끄럽게 떠들어? 시험 때 모두 틀려도 난 책임질 수 없어!", "시험 쳐서 낙제점을 받으면 진급 못한다!"라는 말을 자주 했습니다.

시험의 허위성을 극복하기 위한 도전

입학시험만큼 기묘하고 모순된 것은 없다고 통감하게 된 사건이 발생했습니다. 저는 그때까지 10년 넘게 고민하면서 혼자서라도 가능한 도전이니 언젠가 단호하게 실행하리라 마음먹고 있었는데, 마음속에만 머물던 이상을 직접 실천에 옮길 수 있도록 이끈 것은 바로 한 '사건'이었습니다. 이 사건을 계기로 저는 모든 교사들 앞에서 "학교는 정기고사를 폐지해야 한다"라고 제안하게 되었습니다.

입학시험을 치르면 반드시 떨어지는 학생들이 나옵니다. 하지만 교육이 진정한 '교육'으로서 존재하려면 공부 잘하는 아이들을 떨어지도록 하고, 점수가 가장 낮은 아이들부터 합격시켜야 합니다. 저는 교사가 되고 난 뒤에서야 비로소 이를 깨달을 수 있었습니다. 왜냐하면 '점수가 낮은' 아이들이야말로 배워야 할 필요성이 있기 때문입니다.

이런 생각을 가졌던 저는 떨어진 아이들이 너무 불쌍해서 합격자 발표 때에는 항상 현장에 나가지 않았습니다. 그런데 그날은 합격자 발표 담당부서에 속하게 되어 할 수 없이 발표 현장이 보이는 현관 앞에서 멍하니 서 있어야 했습니다. 하지만 이내 그 자리를 피하고 싶다는 생각이 들었는데, 그 순간 이미 한 학생이 내 앞에 나타나고 말았습니다.

"몇 번을 확인해도 제 수험번호가 없는데요!"

저는 너무나 갑작스러워 무슨 일이 일어난 건지 순간적으로 알아차리지 못했습니다. 그 학생이 무엇을 말하고자 했는지 알아들을 때까지 그렇게 긴 시간이 걸리지는 않았지만, 아무튼 뭐라고 대답해야 좋을지 몰라서 침만 삼키며 난감해했습니다. 발표 현장을 외면하고 싶은 마음만 가득했지 이러한 상황을 맞닥뜨리게 될 줄은 상상도 못했습니다.

학교에는 다른 교사들도 여러 명 있었는데, 그 학생이 왜 하필 저에게 찾아온 건지 지금도 그 이유를 모르겠습니다. 그 학생 눈에는 눈물이 고여 있었습니다. 당시에는 우리 학교마저 떨어지면 더 이상 갈 학교가 없는 학생들도 있었습니다.

"그럴 리가 없지. 다시 확인해 봐!"

소심했던 저는 마치 바쁜 일이라도 있는 양 그 자리를 황급히 벗어났습니다. 그 순간만큼 '입학시험'이 잔혹하고 문제 많은 교육법이라는 사실을 통감한 적이 없을 것입니다. 이때부터 저는 입학시험이 없는 학교를 만드는 꿈을 갖게 되었는데, 그 꿈은 결국 이루지 못한 채 끝이 날 것 같습니다.

시험 보는 학생들의 실태

이야기를 좀 더 쉽게 풀어가기 위해 저에게 가장 직접적이고 구체적이었던 경험부터 소개하겠습니다. 다름 아닌 정기(중간, 기말)고사 때 학생들이 보이는 실태입니다. 제가 초임 교사로 부임했던 학교에서는 어떤 모습의 정기고사가 실시되고 있었을까요? 저도 고교 시절의 경험이 있으니까 대충 짐작은 했지만, 교사가 되어 학생들을 책임져야 하는 입장에서는 동일한 경험이라 할지라도 전혀 다른 충격을 받았습니다. 제가 실제로 시험 감독을 한 거의 모든 반, 거의 모든 과목(두세 과목을 제외하고)에서 같은 상황이 연출되었습니다.

처음에는 학생들이 모두 다 답안지에 무언가 써내려 가는데, 빠르면 5분, 늦어도 20분이 지나면 거의 모든 학생이 답안지를 뒤집어 놓고 당당히 엎드려 자기 시작합니다. 과목에 따라 차이는 있지만 50분 내내 진지하게 시험에 집중하는 학생은 많아 봐야 10명 안팎이었습니다. 이해할 수 없는 것은 그로부터 30년이 지난 지금도 시험에 임하는 학생들의 실태가 전혀 변하지 않았다는 점입니다. 게다가 그러한 학생들의 모습을 당연시하는 교사들도 여전히 많다는 사실입니다. 이들 교사들이 하는 말도 한결같습니다.

"공부 안 하는 학생들이 나쁜 거지요!"

예나 지금이나 그렇게 말하는 교사에게는 엎드려 있는 학생들 한 명 한 명이 처한 상황과 그들이 마음속 깊은 곳에 지니고 있을 아픔은 보이지 않는 것일까요? 정말 이해가 가지 않습니다.

시험은 학교에서 일상의 시간표보다 더 특별히 다뤄집니다. 하지만 저는 그것이 '겉'으로만 중요시하는 것에 불과하다는 생각이 들었습니다. 그 소중한 시간에 참여하는 학생들은 그 시간을 무의미하게 보내고 있었으며, 그것을 그대로 방치하는 것은 문제가 있다고 여겼습니다. 명백한 학교의 '교육활동'으로서 그 역할을 다하는 50분 동안의 시험 시간은 모든 학생들이 진지하게 집중하고, 또 즐기면서 참여할 수 있어야 한다고 믿었습니다.

교사라면 단 한 시간만 수업을 진행해 봐도 학생들이 어떤 태도로 시험을 치를지 쉽게 상상할 수 있을 것입니다(물론 일방적인 강의와 판서로 진행하는 교사라면 모를 수도 있겠지만). 그래서 저는 제가 담당한 과목의 시험을 치를 때에는 50분이라는 시험 시간 내내 모든 학생들이 집중해서 문제를 풀도록 유도하기 위해서 어떻게 하면 좋을지 하나하나 꼼꼼히 계획해 나갔습니다.

평소 수업의 개선으로부터

무엇보다도 평소의 수업이 학생들 자신의 수업이 되어야 합니다.(물론 그것을 온전히 실현하려면 '반'이라는 하나의 생활 공동체 자체가 학생들이 주인의식을 갖는 공동체가 되어야 하는데, 이 점을 실현하기 위한 방법은 다른 전문가에게 논의를 양보할 수밖에 없겠습니다.)

솔직히 제가 교사가 되었을 때, '학교 교육의 역할로 50분 동안의 시험 시간에 진지하게(될 수 있는 한 즐기면서) 임할 수 있게 하는' 것은 쉽게 실현시킬 수 있다고 생각했습니다. 실제로 제 자신은 그것을 어렵지 않게 실현했습니다. 그 때문에 시험 자체를 없애야 한다는 필요성을 느끼거나 '정기고사 폐지'를 공식적으로 제안하는 것은 꿈도 꾸지 않았습니다.

저는 개인적으로 학생 시절에 정기고사를 좋아했다고까지는 말하기 어렵지만 싫어하지도 않았습니다. 몇 년 동안 매일같이 정해진 시간표대로 수업이 이어지는 지루한 학교생활 가운데, 단 며칠 동안이지만 2~3교시만으로 학교 일정이 끝나는 정기고사 기간만의 독특한 해방감이 좋았습니다. 나아가 매일 계속되는 학습 내용을 일단락하고 차근히 복습할 수 있는 여유로운 시간도 필요하다고 생각했습니다. 또 하나는 정기고사 기간 중에는 일주일 전부터 부(클럽) 활동도 쉬어야 하기 때문에, 연습을 좋아하지 않던 저에게 정기고사 기간은 참 반가운 시간이었습니다.

하지만 여기서 개인적인 추억 따위는 아무런 도움이 안 됩니다. 문제의 본질이 얼마나 심각한지는, 제가 학생이었을 때나 교사가 된 지금이나 유감스럽게도 변한 것이 아무것도 없다는 사실이 잘 말해 줍니다. 정기고사 기간에 어떤 해방감을 느끼거나 '복습'의 여유를 만끽하려면, 전제 조건으로 평소 수업을 어느 정도 이해하고 따라가야 합니다.

수업을 이해 못하니 결국 관심을 잃게 되고, 수업에 집중할 필요성도 못 느끼게 된다는 것은, 결국 수업에 제대로 참가하지 못하는 학생이 매우 많다는 사실을 의미합니다. 이것이 바로 현재 일본 학교의 현실입니다. 당연히 이런 학생들에게 시험 기간은 더욱 할 일이 없어지는, 그래서 '해방감'은커녕 '혐오감' 또는 '절망감'이 생기는 시기가 됩니다. 따라서 정기고사 개선 문제는 그 자체가 수업 개선과 연결되는 문제입니다.

그래서 제가 수업에 가장 먼저 도입한 방법은 '삼무(三無)', 즉 '필요 없다, 이해할 수 없다, 흥미가 없다' 이 세 가지를 추방하는 작업이었습니다. 저는 지식전달 차원의 수업보다 이 세 가지의 '없음'을 추방함으로써 학생들에게 공부의 필요성을 느끼게 하고, 이해할 수 있도록 돕고, 즐겁게 참여할 수 있는 수업을 만들고자 했습니다. 한마디로 학급의 모든 학생(학교 차원이면 교내 모든 학생)이 공평하게 참여할 수 있는 수업 형태를 만드는 것이었습니다. 이런 수업을 실현시키는 것을 목표로 노력하면서, 결국에는 시험 때도 모든 학생이 시험 시간 내내 진지하게 집중할 수 있도록 만드는 제 나름의 정기고사 개선안을 제시했습니다.

첫째, 수업 내용을 아직 이해하지 못하는 학생이 있는 경우, 시험에는 그 내용을 출제하지 않습니다. 모든 학생이 참가할 수 있는 수업을 목표로 하기 때문에 모든 학생이 이해했을 때 비로소 시험에 출제합니다. 이렇게 하면 학생들은 훨씬 더 집중하게 됩니다. 그 시절 저는 시험을 치르는 학생들에게 시간이 남으면 답안지 뒤에 수업에 대한 소감을 자유롭게 쓰라고 했습니다. 남은 시간을 괜히 흘려보내지 않도록 하기 위해서 소감을 쓰도록 권했습니다. 그 대신 쓴 분량에 맞춰 추가 점수를 주었습니다.

둘째, 모든 학생이 적극 참가한 가운데 대부분 이해할 수 있을 때까지 진행한 수업 내용에 대해서는, 쉬운 내용부터 어려운 내용까지 모두 시험 문제로 출제하는 것입니다. 결과적으로 378점 만점이라는 다량의 문제지가 만들어지지요. 이 다량의 문제지를 받고 50분 내내 열심히 집중해서 시험을 쳐도 시간 내에 모두 끝낼 수 있는 학생은 없습니다. 그러면 당연히 시험 중에 엎드리는 학생도 줄어들 것입니다.

셋째, 시험 문제를 학생들 스스로가 만듭니다. 모든 학생이 자신이 치를 시험 문제를 만드는 것입니다.

쓰게 하는 수업과 시험

자신이 직접 시험 문제를 만든다고 해도 물론 그 문제들은 학생들과 저의 공동 제작인 셈입니다. 재미있는 것은 거의 모든 학생이 그룹을 만들어 수업이 끝난 뒤 문제 작성을 위한 공동 작업을 한다는 사실입니다. 시험 내용은 수업에서 배운 내용을 골라 일본어 문장을 영문으로 바꾸는 형식이 많습니다. 학생들은 각자 자신의 실력에 맞추어 70% 정도는 풀 수 있도록 만들고 나머지 30%는 자신의 실력이 향상될 수 있도록 돕는 문제를 만듭니다. 이 과정에서도 학습 목표가 설정되는 것입니다.

물론 50분 안에 문제를 푸는 방식의 정기고사라는 한계가 있으므로 그렇게밖에는 할 수 없었습니다. 저의 담당 과목은 영어였는데, 수업을 진행하면서 필요에 따라 미리 듣기와 읽기, 일상회화 등의 시험을 마친 상태였습니다. 이 시험의 또 다른 특징은 누구나 만족할 때까지 몇 번이고 같은 시험에 도전할 수 있다는 점입니다.

이러한 시도를 할 즈음 제 담당 과목이 '영어'에서 '사회'로 바뀌었습니다. 사회과목의 시험은 모든 경우가 작문(서술) 형식이었습니다. 헌법 같은 내용은 전문이나 조항을 지정해서 그대로 암기시켜 시험 시간 동안 원고용지에 쓰도록 했습니다. 50분 안에 다 쓸 수 있는 분량을 정하고 시험 기간 한 달 정도 전에는 발표하여 모든 학생이 만점을 받을 수 있도록 목표를 정했습니다.

신입생의 첫 수업 때에 "지금까지(고1이므로 초등학교 때부터 중3 때까지) 사회과목 수업 중 인상 깊었던 것을 아무것이나 써 봐라" 하고 원고용지 두 장을 나누어 주었습니다. 그리고 학생들에게 40분 정도 시간을 주고 작성하도록 했습니다. 역시 신입생들이라 첫 수업부터 엎드려 자는 학생은 없습니다. 하지만 작문을 잘하고 있는지 살펴보면 꼭 그렇지도 않았습니다. 잘 쓰는 학생이 2~3명만 있어도 양호한 편입니다. 평균적으로 40분을 주면 400자 원고지 한 장을 겨우 힘겹게 작성하는 학생들이 많습니다. 두세 줄밖에 못 쓰는 학생이 두세 명, 두 장을 시작하는 학생은 각 반에 10명 정도는 있지만 끝까지 써내는 학생은 2~3명밖에 없습니다.

이같이 참담한 결과가 나오는 원인은 두 가지입니다.

하나는 '9년간의 사회과 수업이 인상 깊은 수업 내용이 아니었다.'라는 반응입니다. 이것은 시험 위주로만 운영하는 수업 내용 때문에 학생들의 기억에 정확한 지식으로 남지 못했다는 현실을 보여줍니다. 또 한 가지는 인상 깊은 수업 내용은 충분한데, 학생들에게 그 내용을 글로 쓰는 능력이 배양되어 있지 않은 경우입니다.

자각이 없는 교사는 고등학교 3년 동안 똑같은 방식으로 가르칩니다. 게다가 초등학교나 중학교보다 더 지루하게 가르치며, 작문실력 향상과는 거의 무관한 수업만 하는 경우가 많습니다. 3년 동안 저의 수업과 시험을 경험한 결과, 50분 만에 원고지 4장을 작성할 수 있게 된 학생의 실례를 소개합니다.

■ 3년간 수업에서 배운 것 : 3학년 1반 모리바야시 쿄코
1학년 첫 수업 때부터 3년간의 수업을 통해서 즐거웠던 것, 배운 것, 왜 이런 공부를 해야 하는지에 대한 고민 등 여러 가지 경험을 할 수가 있었습니다. 특히 정치·경제 수업 시간에는 유일하게 반의 모든 아이들 얼굴을 보면서 수업했는데, 그것이 참 좋았습니다.

보통 수업 때는 똑바로 정면의 칠판과 선생님만 보니까 왠지 지루하지만, 정치·경제 수업 시간은 달랐습니다. 같은 반 모든 친구들이 찬성한 것을 할 수 있도록 배려해 주셔서 정말 기뻤습니다. 가끔 안 된 것도 있었지만, 모두 다 함께 게임을 하거나, 평상시에는 할 수 없는 것들을 할 수 있었고, 그로 인해 3학년 1반 전체가 잘 협력해 나갈 수 있게 된 것 같습니다.

1학년 신입생 때에는 모두 긴장해서 서로 이야기 나누기도 어려

웠는데, 정치·경제 수업을 통해 다 함께 어울려 놀면서 단합하게 되었고, 친구들과 속 깊은 이야기를 나눌 수 있어서 보다 값진 것을 배울 수 있었습니다. 자신의 의견을 솔직하게 말하는 친구들이 많아진 것도 정치·경제 수업 덕분입니다.

다만 교과서에 나오는 말의 의미를 찾아보거나, 일주일에 두 번 신문 기사를 스크랩하는 등, 많은 과제가 있을 때에는 좀 힘들었습니다. 왜 이런 작업을 해야 하는지에 대해 의문을 품었습니다. 하지만 지금은 생각이 다릅니다. 미래의 우리를 위해서 선생님이 내주신 귀한 숙제였다는 생각이 들고, 그래서 우리는 해야 할 일이 있음을 깨닫게 됩니다.

신문 기사를 스크랩해서 학교에 가져가는 일도, 요즘 일본이 어떻게 돌아가는지 일본인으로서 알아야 하는 것이므로 반드시 해야 할 일이었습니다. 교과서의 용어를 찾는 작업도 그 전에는 그런 말의 존재조차 몰랐다는 사실을 새롭게 깨우쳐 주었습니다. 선생님 말씀처럼 사전은 참 중요합니다. 사회에 나가서 모르는 말이 나오면, 바로 찾아보는 습관이 몸에 배도록 책상에는 항상 사전이 꽂혀 있어야 합니다.

누군가의 부름에 대한 '대답', 글은 진한 연필로 크게 쓰기 등도 선생님께서 우리에게 몇 번이나 강조하셨는지 모릅니다. 하지만 그 일들은 참 중요한 것이었습니다. 자신의 이름을 부르면 바로 대답하는 것은 쉬운 일이지만, 모든 친구들이 부끄러워했습니다. 하지만 그건 안 될 일입니다. 대답이 없으면 이름을 부르는 사람은 전달이 되었는지 다시 확인해야 하고, 아니면 나를 무시하는 건 아닌가 하는 부정적인 생각을 갖기 마련입니다. 언제든 큰 소리로 대답하는 것이 참 중요합니다.

진한 연필로 크게 글을 쓰는 것도 마찬가지입니다. 연하고 작은 글씨는 읽는 사람이 불편합니다. 그러한 사소한 일들조차 우리는 깨닫지 못하고 있었습니다. 그래서 저는 선생님께 배우고 난 뒤 늘 주위를 살피며 신중하려 애씁니다.

시험 때 헌법에 대한 문제가 나왔습니다. 분량이 꽤 많았습니다. 외운다고 노력했음에도 앞뒤 문장이 연결이 안 되고, 조항도 거꾸로 되어 버리고, 어미가 틀려 그 의미 자체도 바뀌어 버리곤 해서 암기하기가 참 힘겨웠습니다. 하지만 사람이란 정말 대단한 존재인 것 같습니다. 외우지 못한다고 포기했는데, 결국은 많은 양을 외울 수 있었습니다. 사람에게는 한계가 없는 것이 아닐까 생각하게 되었습니다.

조금씩 차이가 있겠지만, 사람은 하려고 마음만 먹으면 뭐든 할 수 있다는 사실을 깨달았습니다. 하면 할수록 그만큼 의미가 있고, 앞으로 살아갈 인생 가운데 못 해낼 일은 없을 것 같습니다. 스스로 하려고만 한다면 모든 것을 다 이뤄 낼 수 있다고 믿습니다.

3년간 정말 여러 가지를 배우고 깨달았습니다. 도움 되는 것뿐이었습니다. 하야시 선생님 정말 감사합니다. 앞으로도 마음이 넓은 따뜻한 선생님으로 남아 주세요.

하야시 선생님은 잔소리가 많지만 정말 마음이 넓으신 분입니다.

작문 시험의 효과

사회과로 바꾼 뒤 첫 시험을 치를 때, 40분 동안 원고지 1장도 제대로 쓸 수 없었던 학생이 3년 뒤 제 수업의 졸업시험 때는 거의 모든 학생이 50분 만에 원고지 4장을 가득 채워 쓸 수 있게 되었습니다. 당연히 학생들은 50분간 시험에 집중했고, 한순간도 엎드리는 학생이 없었습니다. 앞서 소개한 이 사례는 매우 중요한 사실입니다.

정기고사 시험 문제는 거의 모든 문제가 작문이었습니다. 작문 주제는 '기간을 한정하여 지금까지 수업에서 배운 것을 모두 쓰라'는 것이었습니다. '기간 한정'이라는 것은, 예를 들어 2학년 2학기 중간시험이면 2학년 9월부터 시행된 수업 내용에 관한 중간시험이라는 뜻입니다. 정기고사의 특성을 살린 것입니다. 원칙적으로 3년 동안 이런 형식의 시험을 계속 진행하니까 학생들은 1년에 5번, 3년간 총 15번의 작문 연습을 하는 셈이었습니다.

아쉽게도 지금은, 실제 사례를 들 수 있는 근거 자료가 저의 교사 생활 끝머리에 실행했던 5개 학급 220명의 졸업시험 답안지밖에 없습니다. 그동안 얼마나 많은 양의 답안지(작문)를 읽었는지 헤아릴 수 없을 정도이지만, 나머지 답안지들은 대부분 빨간 펜으로 첨삭해서 되돌려 주었기 때문에 이후 어떻게 되었는지 알 수 없습니다. 지금 생각하면 참 안타까운 일입니다. 복사라도 해 두었다면 좋았을 텐데 말입니다.

졸업시험 때는 3년 동안 수업에서 배운 내용을 쓰게 했으므로, 당연히 표면적이고 일반적인 내용들을 대충 써 내려가면서 말이 많아질 수밖에 없습니다. 자세한 수업 내용이나 감동적인 체험 등을 구체적으로 기술하는 경우는 거의 없습니다. 흔한 말들이 많이 나오고 답안지가 거의 다 비슷하게 나올 수밖에 없습니다. 게다가 학사 업무 처리로 워낙 바빴던 탓에 그 자료들을 기록으로 남겨 둘 생각조차 못했습니다.

하지만 마지막에 학교를 떠나야만 했을 때, 학생들에게 "졸업시험 답안지를 평생 추억으로 간직하고 싶으니 모두 나에게 줄 수 있겠니?" 하고 제안하자 학생들은 흔쾌히 응해 주었습니다. 그때 받은 답안지는, 그 학교에서 22년간 아이들과 생활하면서 얻은 최고의 보물로 지금도 소중히 간직하고 있습니다.

우연히 고안해 낸 방법이지만, 이만큼 효과가 큰 훌륭한 시험 방식은 앞으로도 생각해 낼 수 없을 것 같습니다. 생각나는 대로 이 시험 방식의 장점을 살펴볼까 합니다.

첫째, 시험 시간에 책상 위에 엎드리는 학생이 한 명도 없습니다. 모든 학생이 바로 앉아 원고지 위로 두 눈을 집중하는 모습은 장관이며 감동적이기까지 합니다. 그런 의미에서 저는 이미 교사로서의 목표를 100% 이룬 셈입니다.

둘째, 시험 자체가 작문 연습이 되며, 글자(특히 한자)도 예쁘게 쓸 수 있도록 돕는 훈련과정이 됩니다. 더 구체적으로는 다음과 같은 방법을 도입했습니다. ① 50분간 시험에 집중하면 되므로 초조할 필요가 없다. ② 자신의 속도에 맞춰서 글을 쓰고, 글씨는 예쁘게 쓴다. ③ 시간 내에 쓰고 싶은 글을 못 쓰면 나중에 추가해도 된다(단, 추가

부분은 답안 채점에는 안 들어가지만, 종합평가에는 반영된다).

셋째, 시험의 권위는 오직 평가를 통해 생겨납니다. 시험 점수로 매 학기, 매 학년에 대한 평가를 내리고, 그 평가가 학생의 인생에 영향을 미칩니다.

제가 재취직을 고민하던 예순 살 무렵이었습니다. 어느 날 고등학교와 대학교의 졸업증명서와 함께 성적증명서까지 제출하라는 통보를 받았습니다. 성적은 당연히 그 당시 매 학기 치렀던 정기고사의 점수로 결과가 나와 있었습니다. 40년 전에 본 시험 점수가 60세가 된 시점에까지 문제가 된다는 사실에 놀라지 않을 수 없었습니다.

제 경우에는 평가에서 시험이 차지하는 비중이 50분이라는 학습량밖에는 없습니다. 그렇다고 해서 학생들이 시험을 가볍게 여기면서 함부로 응시하는 일은 전혀 없었습니다. 성장해 가는 학생들에게 무엇보다 중요한 것은 공부하는 것, 그리고 노력하는 것 자체이지 결코 결과만이 아닙니다.

구체적으로 말하자면, 총 16시간 분량의 수업 내용에 대해서 시험을 치르게 되면, 보통 그 전체 수업 내용의 한 시간 정도 분량만을 시험의 평가대상으로 삼습니다. 16시간의 노력이 한 시간의 시험 속에 응축되어 있다고 주장하는 교사도 있지만 그것은 있을 수 없는 일입니다. 단 한 시간만으로 16시간 동안 배운 것들을 시험한다는 것은 어떻게 보아도 원리적으로 불가능한 일입니다. 옛날부터 시험 때 요행을 바라고 족집게 과외에 매달린 까닭은 이런 '불가능한 시험' 때문은 아닙니까? 저는 시험의 평가 비중을 17분의 1밖에 안 주고, 한 시간의 수업 때마다 과제 학습을 적어도 두 시간 정도 추가했으므로, 시험의 평가 비중을 더욱 줄여 총 49분의 1로 만들었습니다.

당연한 결과이지만, 이런 식으로 하면 학생들은 수업에 더 집중하게 되고, 과제도 더 열심히 수행하게 됩니다. 노력여하에 따라 평가가 결정된다면 학생들의 학습 자세는 완전히 바뀝니다. 저로서는 일석이조와도 같은 이 방법을 다른 교사들이 왜 채택하지 않는지 이해가 되지 않았습니다. 유일하게 자신들의 입장을 정당화시킬 수 있는 이유로서 "일반 시험이 가장 공평하다"라는 주장을 내세우는데, 저는 그 말을 믿을 수 없습니다.

교사인 제가 수업 중에 얼마나 집중했는지를 5단계로 평가할 때 불신을 표시하는 학생은 없었습니다. 원래부터 저는 이러한 평가를 스스로 돌아보게끔 하는 '자기평가'로 유도했습니다. 그럴 때 학생 본인과 제 평가가 다른 경우가 거의 없었고, 학생 본인이 제 평가와 달리 자신을 과대평가하는 경우도 거의 없었습니다. 학생들도 친구들과 자신을 비교해 가면서 상대적으로 스스로를 평가하는 능력을 갖추고 있습니다.

반대로, 제 수업을 받은 학생들 가운데 시험 결과만으로 성적 평가를 하는 것이 학생들의 태도와 성실성, 능력과 같은 보이지 않는 그 무언가를 공정하게 평가한다고 생각하는 학생은 아무도 없습니다. 학생들이 가장 공평하다고 생각하는 것은, 아마도 한 사람에게 하루 24시간밖에 주어지지 않았다는 절대적인 사실 아닐까요?

그런데 교사들은 대부분 어떤 현상을 표면적으로밖에는 보지 못하고 항상 같은 일을 되풀이하면서 자위하고 안심해 버립니다. 특히 거의 모든 고등학교 교사들은, 시험을 다시 볼 수 있게 해 주는 제 조치에 대해 매우 비판적입니다. 그중에는 저를 증오하는 사람까지 있을 정도였습니다. 어찌 됐든 이런 교사들은 자신에게 어떤 모순이 있는지 전혀 깨닫지 못했습니다. 아니, 그 모순을 잘 알기 때문에 저를 혐오하는지도 모릅니다.

여기서 모순이란, '시험은 평가하기 위해서만 존재하는 게 아니라, 학습을 효과적으로 진행하기 위해서도 필요한 행위이다'라는 명제에는 동의하면서 제가 주장한 재시험 응시에는 반대한다는 것입니다.

제가 시험을 다시 칠 수 있도록 배려하는 것은, 이 점에 대한 통찰을 전제로 삼기 때문입니다. 학생들은 이것을 어떻게 받아들이고 있을까요?

마지막으로 제가 진행한 수업과 시험에 참여했던 학생들 중 학업 성취도가 평균 정도인 세 명의 학생에게 '아침독서'를 어떻게 생각하는지 소감을 들어보았습니다.

▧ 아침독서에 대해서 : 사토 에미코

저는 아침독서 시간을 통해 새롭게 몸에 익힌 것이 있습니다. 그것은 예전보다 더 많은 한자를 읽고 쓸 수 있게 된 것입니다. 어렸을 때부터 독서와는 담을 쌓고 살아왔는데, 요즘은 많은 책을 읽게 되었습니다.

독서를 제대로 하게 된 것은 고등학교에 들어온 이후부터인 것 같습니다. 예전에는 책 같은 것은 일부러 찾아 읽지 않아도 괜찮다고 생각했지만, 지금은 정반대의 생각을 갖게 되었습니다. 책을 읽지 않는다고 해서 일상생활에 큰 영향이 있는 것은 아닙니다. 하지만 책을 읽어야만 얻을 수 있고 깨달을 수 있는 것들이 있다는 사실을 알게 되었습니다. 그때부터 저는 집에서도 혼자 책을 읽기 시작했습니다. 책이란 언제 어디서든지 읽을 수 있는 참으로 훌륭한 물건입니다. 게다가 경제적으로도 부담이 없는 가격이라 더욱 좋습니다.

독서의 가치를 알게 된 뒤 그전까지는 상상도 못한 일들이 제게 일어났습니다. 그것은 매달 용돈의 10% 정도를 책 구입비용으로 사용하게 된 것입니다. 지금 저는 한 권의 독서가 끝나면 또 다른 책 한 권을 사는 식으로 빈번하게 책을 구입하고 있는데, 이런 제 모습에 스스로도 매우 놀라워하고 있습니다.

또한 책을 통해 '상상력'이 더욱 풍부해지는 것을 느끼며, 생각하는 방식도 단순히 사고하는 것이 아니라 '꿈을 꾸는' 방식으로 바뀌어 갔습니다. 그 결과 제 마음도 여유롭고 넓어지게 되었습니다.

중학교 시절에 어떤 선생님이 이런 말씀을 하셨습니다.

"책을 읽으면 모든 학습 능력이 몸에 배어 가는데, 그것을 깨닫는 것은 지금 당장이 아니라 반년이나 1년 후에 가능하다. 그래서 평소에 책을 가까이하는 사람은 새로운 것을 받아들이는 속도가 빨라진다."

저는 학교에서 제공된 '독서 시간'을 통해 많은 책을 읽을 수 있었습니다. 그래서 그 시간은 참으로 유익했다고 생각합니다.

▨ 아침독서를 통해 느낀 점들 : 미우라 치토세

3년간 아침독서를 계속해 왔습니다. 이 학교에 들어오기 전에는 책을 읽는 일이 거의 없었고, 책을 읽는 재미를 느껴 본 적이 없었습니다. 그때에는 글자가 잔뜩 모여 있는 것이 왠지 싫었기 때문에 책에 대해서는 당연히 거부감을 갖고 있었고, 독서를 하지 않는 것에 대해서도 별 문제의식을 갖지 않았습니다.

하지만 이 학교에 입학해서 매일 아침 10분간 책을 읽게 되었는데, 처음에는 그저 대충 훑어보는 수준이었습니다. 내용까지 깊이 이해하기는 아직 힘든 상태였습니다. 소설 한 권 읽는 것도 시간이 꽤 많이 걸려 한 학기 정도가 소요되었습니다. 하지만 다 읽었을 때의 감동과 만족감은 처음으로 느껴 보는 신선함이었습니다. 처음 책 한 권을 다 읽고 덮었을 때의 순간을 지금도 잊을 수 없습니다. 그때부터 책을 읽는 것에 대해서 큰 고통을 느끼지 않게 되었고, 그렇게 변화된 스스로의 모습이 참 놀라웠습니다.

그다음부터는 아침독서 시간뿐만 아니라 집에 돌아갈 때 전철 안에서도 책을 읽기 시작했습니다. 자연스럽게 독서 시간이 조금씩 늘어나, 비슷한 두꺼운 책을 한두 달 만에 모두 읽어 낼 수 있었습니다. 차츰 읽는 속도가 빨라지면서 독서에 대한 만족감과 뭔지 모를 충만감도 커져 갔습니다. 또 예전에는 제대로 표현하지 못하던 답답한 감정들도 책 속에 나온 어휘들을 활용하여 표현할 수 있게 되었습니다.

지금까지 몰랐던 독서의 재미를 조금씩 알게 된 지난 3년이 더없이 소중하게 느껴집니다. 과거와 달리 책을 즐겁게 읽을 수 있게 된 저를 볼 때마다 얼마나 기쁜지 모릅니다.

제 보물 가운데 좋아하는 책과 작가들이 늘어나고 있습니다. 책을 읽지 않았을 때의 저를 생각해 보면, 참 아까운 시간들을 흘려보냈다는 반성을 하게 됩니다. 그러므로 앞으로는 될 수 있는 한 열심히 더 많은 책을 읽고 글을 접하려고 합니다. 그리고 좋은 책을 만났을 때는 그 책의 어떤 점이 좋은지를 남들에게도 충분히 설명하며 추천하고 싶습니다.

■ 아침독서가 있어 참 다행이었다 : 모리야마 요코

아침독서를 3년간 계속해 오면서 저 자신이 책을 편하게 읽게 되었다는 것이 무척 놀랍습니다. 매일 아침, 단 10분만 읽는 것인데도 책에 대한 생각이 중학교 시절과 완전히 달라졌습니다.

처음에는 아침독서 따윈 필요 없으니까 대신 등교 시간을 좀 늦춰주면 좋겠다는 생각을 했습니다. 하지만 지금은 독서 시간이 없다고 하면 매우 낯설고 이상한 느낌이 들 것 같습니다. 그만큼 아침독서가 제게 익숙한 습관처럼 몸에 밴 것입니다.

아침독서 시간은 마음을 차분하게 해줍니다. 만약 이 시간이 없었다면 1교시 수업에 집중하는 데 매우 힘들었을 것 같습니다. 아무것도 아닌 것 같아 보이는 아침독서 시간이지만, 이 시간이야말로 하루의 생활을 충실하게 지낼 수 있도록 도와준다는 사실을 지금 이 글을 쓰면서 새삼 깨닫습니다.

아침독서 시간이 없었다면 저는 아마도 평생 독서의 즐거움을 모르고 살았을지도 모릅니다. 고등학교에 입학해서 처음으로 많은 분야의 책들을 접하게 되었습니다. 입학하기 전까지는 책을 그다지 좋아하지 않았습니다. 독서가 중요하다는 것은 귀에 못이 박히도록 들어서 잘 알고 있었지만, 한 귀로 흘릴 뿐 제대로 책을 읽을 생각은 하지 못했습니다. 하지만 고등학교에 들어온 이후, 잠시라도 매일 아침 책을 읽는 것으로 제가 이렇게 변하게 될 줄은 정말 몰랐습니다.

학교를 졸업하면 바쁜 일상 속에 책을 읽을 기회나 여유도 줄어들 것입니다. 하지만 3년간 계속해 온 아침독서처럼 조금이라도 짬을 내어 지속적으로 독서를 해나갈 생각입니다.

아침독서 시간이 있어서 정말 다행이었습니다. 다만 한 가지 어려웠던 점은 책에 빠져들어 한참 읽는 도중에 그만둬야 하는 것이었습니다. 이후의 내용이 어떻게 전개될지 궁금해서 수업시간에 그 생각에 빠져 버린 적이 여러 번 있었습니다.

1

아이들이 변한다, 선생님이 변한다,
학교가 변한다

상대가 바뀌지 않으면
나 자신을 바꾼다

『아침독서가 기적을 일으키다』(高文研)를 출간한 지 14년이 지났지만, 제 예상대로 교사들은 여전히 변하지 않았다는 게 학교 현장의 현실입니다. 이러한 현실을 바꾸기 위해서 저는 아침독서를 제안했던 것입니다. 처음으로 아침독서를 시행했던 학교에서도 아침독서의 중요함을 이해하는 선생님의 학급과 이해하지 못하는 선생님의 학급 사이에는 과장이 아니라 말 그대로 '천국과 지옥' 같은 차이가 났습니다. 분명히 말할 수 있는 이러한 차이는 아침독서 시간에만 한정되지 않고 학급의 전반적인 분위기에도 영향을 미쳤습니다. 그러므로 저는 "누구든지, 어디서든, 언제라도 할 수 있다"라고 말하며 적극적인 실천을 주문했습니다. '누구든지'라는 것은 학생뿐 아니라 교사들까지도 포함한 말입니다.

저 스스로도 한 명의 교사로서 아침독서는 오히려 교사들을 위해서 필요한 것임을 강조하고 싶습니다. "단지 학생들과 함께 책을 읽는 것, 그것도 자신이 읽고 싶은 책을 읽는다면 그것만으로도 좋겠다!" 이처럼 쉬운 일을 불가능하다고 항변할 수 있는 교사가 과연 단 한 명이라도 나올 수 있을까요? 관심이 없고 귀찮은 것뿐이지 이 일이 어렵다고 생각할 사람은 없을 것입니다.

솔직히 말하면 아침독서를 시작하기 전부터, 그 일은 소박한 개인적 소망이나 꿈에 불과했다는 사실을 고백하지 않을 수 없습니다. 하지만 아침독서라면 일본의 모든 교사가 참여할 수도 있겠다는 가능성을 보았고, 그래서 저는 이것만 붙잡을 수밖에 없었습니다. 인생을 마감할 시간이 다가오는 지금, "그래, 나는 이 길밖에는 없었어!"라고 다시금 고백하게 됩니다.

교육 현장의 교사들이 근본적으로 바뀔 가능성은 아예 없는 것이냐고 묻는다면, 저는 "아니요, 있습니다"라고 대답하고 싶습니다. 가능성이 없다면 그 가능성을 스스로 만들어 낼 수밖에 없는 것입니다. 교사들이 변하기를 기대하지만 그들이 여전히 변하지 않는다면, 나 자신을 변화시킬 수밖에 없습니다.

"아이에게 세 가지를 듣게 만들려면 아이가 말하는 것을 열 가지는 들어주어야만 한다" 이 말을 늘 마음에 새깁니다. 모든 학생들 앞에서 약속했던 것을 지키지 않는(혹은 지킬 수 없었던) 교사의 말을 우리는 열이면 열 모두 귀 기울여 들어주었던가요? 비단 아침독서에 대해서만 이야기하려는 것이 아님을 잘 알아주시기 바랍니다. 결국은 마주하는 사람의 고민이나 슬픔에 대해서 경청하지 못했다는 것을 말하는 것입니다.

'아침독서운동을 성공시키기 위한 비결은, 선생님들 모두가 좋은 관계를 형성하는 것'이라는 본질을 간파한 현장 보고서도 전국 여러 학교로부터 수차례 나온 바 있습니다. 맞습니다. 제가 '아침독서운동'을 제기한 것도 결국은 선생님들이 모두 사이좋게 지내게 되길 바라는 마음에서 출발한 것입니다. 나아가 학생과 교사도, 아이와 어른도, 제도와 세월의 장벽을 넘어 서로 사이좋게 잘 살아갈 수 있기를 바라는 마음으로 저의 모든 인생을 아침독서에 걸었습니다.

결코 과장된 말이 아닙니다. 아침독서 실천 보고서를 정리하기 시작할 즈음, 한 선생님이 제게 "아침독서는 기도와도 같아요"라고 말씀해 주셨습니다. 그렇습니다. 아침독서는 제게 있어서 인간적인, 너무도 인간적인 일종의 '기도'입니다. "이 땅에서 전쟁을 없애 주소서!"라는 근원적인 기도의 현실화, 그 가능성을 열기 위한 자그마하지만 구체적인 행동의 방법론이 바로 아침독서입니다.

아침독서를 하게 되면서 가장 많이 바뀐 것은 다름 아닌 교사들입니다. 아침독서를 실시하기 전까지는 그토록 반대하면서 "책을 읽지 않아도 훌륭한 인간으로 성장할 수 있다. 내가 바로 그 예이다."라고까지 말씀하신 한 선생님이 계십니다. 그런데 그 선생님이 아침독서 실시 후 3개월도 되기 전에 그 학급의 어느 학생보다도 더 깊이 책에 빠진 것을 봤습니다.

저는 이러한 현상에 큰 희망을 갖고 있습니다. 이것이야말로 "말하기는 어려워도 행함은 오히려 쉽다"라는 말의 가장 좋은 예가 아닐까요? 말로 아무리 설득해도 결코 바뀌려고 하지 않던 교사가, 매일 아침 학생들이 진지하게 책 속으로 빠져드는 모습을 보면서 감동하여 책과 마주하기 시작한 것입니다. 저 또한 '아침독서운동'을 시작하기 전에 가졌던 '불안'을 '희망'으로 바꿀 수 있던 것은 다름 아닌 아침독서를 실시한 직후 보여 준 학생들의 성실한 모습 때문이었습니다.

독해력 부족 현상,
아이들만의 문제인가?

일본 아이들의 학력은 이미 세계 여러 나라 학생들과 견주어 최고 수준에 속한다고는 말할 수 없게 되었습니다. 최근(2007년) 경제협력개발기구(OECD)에서 국제 학업성취도를 조사한 결과를 발표했습니다. 세계 41개국의 15세 학생들을 대상으로, 지식이나 기능을 실제 생활에서 얼마나 살리며 적용할 수 있는가를 측정한 조사였습니다.

앞서 이뤄진 2000년도의 조사에서 일본이 1위, 2위를 차지했던 수학, 과학 과목은, 지난 2003년도 조사에서 각각 6위, 2위로 나타났습니다. 수학의 순위 저하가 신경이 쓰이지만, 문부과학성은 여전히 일본이 세계 상위 그룹에 속한다고 강조했습니다.

여기서 여러 문장을 이해하여 지식수준을 높이고 사회생활에 직접 활용하는 능력이라 할 수 있는 '독해력'의 순위는, 2000년도 조사 때 기록했던 8위에서 여섯 계단 떨어진 14위에 머물렀습니다. 상위 그룹으로부터 점점 떨어져 'OECD 국가 평균 수준'으로 내려온 상태입니다.

독해력의 기본이라 할 수 있는 지식과 기능이 최하위 수준인 학생의 비율은 일본이 오히려 OECD 평균보다 높게 나왔습니다. 반대로, 최고 수준의 학생 비율은 오세아니아나 유럽의 주요국 그리고 한국과 비교할 때 빈약한 상황입니다.

한마디로 요약하면, '일본 학생들의 학력은 최고 수준에서 점점 미끄러져 내려왔다.'라고 할 수 있습니다. 이런 일에 대해서 이제 와서 시끄럽게 소란을 피우는 것은 불필요하다고 생각합니다. 사실은 제가 교사로 처음 교단에 섰던 35년 전에도 이미 일본 학생들의 기초학력은(물론 독해력도) 크게 나빠진 상태였습니다.

하지만 우리가 어릴 적에는 지금보다도 기초학력이 더 나빴을 겁니다. 부모님들은 찌든 가난에 그날그날 먹을 양식을 얻는 데 급급해서 아이들의 학력 따위에는 관심을 가질 여유조차 없었습니다. 점심 시간이면 도시락을 가져올 수 없는 아이들과 담임 선생님이 둘러앉아 선생님의 도시락을 함께 먹던 정경은 아직도 잊을 수 없는 추억입니다. 아마 그 당시의 교육 관계자들은 물론, 정치가나 기업가들조차도 자국 학생들의 기초학력이 세계에서 몇 위 정도인지 관심조차 없었을 것임이 분명합니다.

그리고 제2차 세계대전 후, 경제대국으로 다시 발돋움했지만, 현재 국제 경쟁력이 다시 내리막길을 걷게 된 상황에서 국가적 규모의 학교 교육 문제가 나름 중요한 정책적 사건이 되어 버렸습니다. 그것도 "세계 순위 몇 등에서 몇 등 아래로 미끄러져 내려갔으니 큰일 났다"라는 식으로 말이지요. 일본이란 나라가 세워진 이래 계속 되는 이 문제를 새삼 문제 삼는 것에 지나지 않는 것이 아닐까 하는 생각도 듭니다.

　아침독서 앞에 가로놓여 있는 장벽들도 같은 뿌리로부터 발생한
다고 생각됩니다. 우선 어른들, 특히 학교 현장에서는 교사들이 학생
들의 생활 실태를 어떻게 읽어 내고 있는지를 가장 중요하게 살펴야
할 것입니다. 어른(교사)들 스스로가 자기 삶의 본연의 자세에 대하여
깊이 있는 독해력을 갈고닦는 노력이 필요하다고 생각합니다.

　60년 넘게 광야를 걸어온 저는, 저 자신을 포함해 어른들(교사들)
이 아이들보다 훨씬 심각한 독해력 부족 현상에 놓여 있다는 생각을
떨칠 수 없습니다.

교사와 아이들은
무엇을 위해 사는가?

　누군가 말했듯이 "원리적·현실적으로 독해력이란 것은 분명 필요
하지만, 독해력 저하 문제를 둘러싼 소란은 결국 지나친 경제 대국화
가 그 흔적으로 남긴 산업 폐기물과도 같으며, 그 행방은 정치 대국화
(혹은 군사 대국화)를 향한 기반 공사나 땅 고르기 작업인 것"입니다.

　'아침독서운동'의 입장에서 볼 때, 아이들의 독해력 저하 문제는
어른들이 국제 경쟁력 회복을 목적으로 스스로 독해력을 포기했기
때문에 발생한 것입니다. 즉, 경제적 생산 과정 한가운데에 억지로
아이들을 끌어들였기 때문입니다. 경제적 생산을 주요 동인으로 삼

아 "여기까지 올라와라! 반드시 도달해야 해!" 하며 강제적인 방식으로 아이들에게 과제가 주어진 결과라고 말할 수 있습니다. (영어단어 20,000개 암기 강요 등과 비슷함. -역자 주)

그러한 상황에서 아침독서는 녹초가 된 어른들(교사들)에게도 아이들(학생들)에게도 우선은 평온한 휴식과 마음의 안정을 제공합니다. 그리고 오늘과 내일을 살아갈 수 있는 힘이 생기도록 매일 도와줍니다. '나'는 어떤 존재인가? 어떻게 살면 좋을까? 시험성적이나 경제적 문제와는 상관없는 이러한 생각들을 좋아하는 책을 통해 심화시켜 고민해 볼 수 있는 시간이 됩니다. 이것은 결국 산다는 것이 결국 살아 있는 것 그 자체에 의미가 있음을 깨닫게 해 주며 그것을 단지 '책을 읽는 행위'로서 체험할 수 있도록 해 줍니다.

분명히 말씀드릴 수 있는 것은, 지금 이 순간 아침독서의 실시를 막는 가장 큰 장벽은 "수학공부나 한자연습이 더 중요하다"고 생각하는 여러분의 마음입니다('장벽'의 역할을 하는 사람들은 자신이 객관적 통찰력이 부족한 존재라는 자각은 없어 보입니다). 과연 매일같이 반복되는 수학공부나 한자연습이, 아침독서가 아이들에게 줄 수 있는 가치들을 제공해 줄 수 있을까요? 아닙니다. 아침독서가 학생들에게 주는 가치들은 이미 여러 사례를 통해 보여 주고 있습니다.

저는 이런 글을 쓸 때마다 반드시 떠올리는 장면이 있습니다. 그것은 NHK 종합 TV에서 방영된 애니메이션 「공자」의 마지막 장면입니다. 공자의 여러 제자 중 한 명인 자공이 회상하는 장면입니다. 외로움을 떨칠 수 없었던 것일까요? 공자가 관청에 출근하려던 자공을 불러 이렇게 말했습니다.

"자공아! 안회였던가, 아니면 자로 그 녀석이었던가? 이미 오래전 일이다만 너희 중 몇 명과 각자 품은 뜻에 대하여 이야길 주고받던 적이 있었지. 모두 큰 뜻을 말했는데 그 가운데 한 명만이 이렇게 말했었지. '봄이 끝날 무렵, 그러니까 초여름으로 들어설 즈음, 물가에는 미풍이 불고 친구와 가족이 함께 멱을 감는다. 이윽고 석양이 떨어질 때쯤, 모두가 큰 소리로 노래를 부르며 집으로 돌아간다. 그런 하루가 허락되는 것이 나의 뜻이요, 바람이외다.'라고 누가 말했었지? 그렇게 말한 사람이 누군지 도무지 생각이 나질 않아."(안회와 자공, 자로는 모두 공자의 제자들이다. 그중 공자가 제자와 비교해 자신보다 나은 사람이라고 한 사람은 안회뿐이다. 자로는 공자의 제자들 중 가장 과격했다고 한다.-역자 주)

"그것은 선생님이 하신 말씀입니다."

자공은 그렇게 대답하곤 이내 입을 다물었습니다. 일 년 뒤 기원전 479년, 노나라 애공 16년 4월에 공자는 세상을 떠났습니다. 그때 나이 일흔세 살이었습니다.

교사는 무엇 때문에 사는 것일까요? 교사는 교사이기 위해서 삽니다. 그러면 아이는 무엇 때문에 사는 것일까요? 아이는 자기 자신을 위해서 삽니다. 아침독서는 그러한 현실을 구축하고 완성하기 위해 존재합니다.

한자학습이 아이들에게
무엇을 줄까?

먼저 아침독서와 직접 관련이 있는 한자학습에 대해서 살펴보려
고 합니다.

저는 초등학교 입학 때부터 고등학교 졸업 때까지 12년 동안 아침
공부나 아침학습을 해 본 적이 없습니다. 아침 일찍 등교한 이유는
친구들과 놀기 위함이었고, 놀기 위한 장소를 먼저 확보하기 위한 활
동이 하루의 시작이었습니다. 여기서 강조하고 싶은 것은, 아침학습
은 물론 숙제도 한자학습 시간도 없었던 것으로 기억합니다.

하지만 고등학교 교사가 된 스물일곱 살 때 처음으로 한자학습으
로 정해진 시간을 경험하게 되었습니다. 같은 학년 담임과 부담임 교
사들끼리 모이는 '학년회의'에 참석하게 되었는데, 국어 선생님 한
분이 "해마다 해온 대로 아침 시간(현재는 아침독서를 진행하는 시간이
됨)에 한자시험을 시행해 달라"는 요구를 하셨습니다. 그것은 제안이
라기보다는 '지시'나 '명령'에 가까웠습니다.

"이건 뭐지?" 하고 그 요구에 놀란 사람은 새내기 교사인 저 한 사
람뿐이었고, 예전부터 계속 담임교사를 해온 다른 선생님들은 그러
한 기존 방침이 당연하다는 듯이 받아들이는 분위기였습니다. 지금
껏 모든 학생들이 입학과 동시에 '한자학습장'이라는 노트를 구입해
3년 동안 매일 아침 등교하자마자, 한자학습을 했고 한자시험까지
치러 왔던 것입니다. 저는 그 자리에서 질문했습니다.

"공립도 아닌 창립 정신을 가진 사립학교에서 이런 교육활동을 실시하는 게 합당한 것인가요?"

그러자 학년 주임 선생님께서 "이 학교에서 이미 정해져 있는 것이니 더 이상 말씀하지 마세요" 하고 말을 끊었습니다. 그래서 어쩔 수 없이 한자학습의 방법과 의미에 대해서 의문을 가지면서 회의를 마쳤던 기억이 납니다.

아침독서를 실천했던 지난 15년은 여러 고민과 궁리를 이어간 시간이었습니다. 그 결과 투쟁적 분위기의 10분 시험으로 점수가 낮은 학생들을 호명하며 망신을 주는 따위의 풍경을 연출하지 않고서도, 누구든지 쉽게 참여하며 뒤떨어진 학생을 굳이 만들어 내지 않아도 되는 시험을 볼 수 있었던 것입니다. 그 구체적 방법론을 지금부터 소개해 드리겠습니다.

저희 반에서는 항상 마지막 종례시간에 시험을 봤습니다. 그런데 시험을 치르면서 학생 전원이 모두 만점을 목표로 했고, 실제로 그것을 달성했습니다. 그 결과 학생들이 가지고 있는 미묘한 경쟁심을 자극해 거기서 우위를 차지했을 때만 만족시키는 식이 아니라, 하나의 뚜렷한 성취감을 느끼도록 이끌었습니다. 저는 이 방법을 저희 반뿐만 아니라 제가 맡은 과목의 수업을 실시할 때 다른 반 학생들에게도 적용해 보았습니다.

저는 이 방법을 만점주의, 혹은 일회주의 학습이라고 불렀습니다. 만점주의란 반의 모든 학생들이 시험기간까지 만점을 목표로 하는 것이고, 일회주의란 연습시간에는 언제나 진지한 자세로 임하는 것을 의미합니다.

제가 강조한 것 중 하나는 의미나 쓰는 방법을 모르는 한자가 나오면 먼저 그 한자에 대해서 찾아보고 이해할 때까지 연습 때마다 확인하는 것이었습니다. 그렇게 해서 다른 선생님들과 대립 없이, 지금까지 이어 온 학교 전통을 지키면서도 갈등 없이 목표를 이룰 수 있었습니다.

제가 실행한 방법을 좀 더 구체적으로 말씀드리겠습니다.

먼저 2쪽 분량에 100개 정도의 한자 숙어가 들어 있는 시험 범위 전체의 내용을 학생 자신이 노트에 한 번씩 써 보도록 합니다. 그다음에는 후면에 첨부된 정답지를 보면서 스스로 채점해 봅니다(교재의 부록으로 맨 뒤에 있는 해답지를 모두 떼어 수거해 가는 국어 선생님도 계셨는데, 저는 왜 그렇게 하시는지 지금도 이해하기 힘듭니다). 중요한 것은 이 단계에서 단어의 의미를 잘 이해할 수 있게 된다는 사실입니다. 다음 과정은 일회주의 가운데 가장 중요한 요소로, 틀린 문제는 텍스트에 'ⅹ' 표시를 하고 노트에 있는 정답을 보면서 한 번씩만 정확하게 다시 쓰는 것입니다. 그 후 24시간 이내에 'ⅹ' 표시가 돼 있는 문제만 다시 도전해 봅니다. 첫 번째 'ⅹ' 표시가 얼마나 있었는지가 학생의 처음 실력을 나타내는 수치가 되지만, 동시에 앞으로 얼마나 진지하게 연습하는가에 따라서 실력의 향상 여부를 결정짓는 경계선이 됩니다.

또한 'ⅹ' 표시한 부분은 채점도 스스로 합니다. 틀린 문제는 한 번만 노트에 쓰고, 또 두 번째 'ⅹ' 표시를 합니다. 이 'ⅹ' 표시는 세 번째 시험 때부터 명확하게 줄어들기 시작합니다. 이러한 '시험-채점-연습'의 과정을 반복하다 보면 결국 일주일 후에는 거의 모든 학생들에게서 '×' 표시가 사라지게 됩니다.

마지막으로 주목해야 하는 것은 학년 전체가 일제히 시험을 실시하기 전, 그 범위의 내용을 모두 다 풀 수 있는지 다시 한 번 점검해 보고 스스로 확인하는 것입니다.

특별한 일은 아니지만 이러한 연습을 통해서 학생들은 스스로 실력이 늘어 감을 느끼고 무엇보다 의미 없이 같은 한자를 계속 몇 번이나 쓸 필요성은 없다는 것을 깨닫게 되며, 나아가 자신의 능력을 신뢰하게 됩니다(국어 선생님들 가운데엔 아직도 한 글자를 20번씩 쓰라고 하는 엉뚱한 방법을 강요하는 분들이 여전히 계십니다).

모국어라고 해서 당연히 만점을 받아야 한다고 요구하려면, 암기 강요보다는 조금만 노력해도 실제로 만점을 받을 수 있다는 사실을 학생들 스스로가 느낄 수 있도록 이끌어 주어야 합니다.

그리고 일회주의의 가장 중요한 장점은 문제 작성이나 채점 등에 시간을 빼앗겨 온 교사들의 시간을 확보할 수 있다는 점입니다. 그저 최종 점검을 위한 마지막 시험 때 노트를 제출하고 점검 도장만 찍든가, 학생에 따라 '잘했어요!'와 같은 격려 메시지를 적어 주든가 하는 정도의 일만 하면 됩니다. 그런데 이런 최종 점검 시험도 어느 정도 궤도에 오르면 결국 필요 없다는 사실을 학생들 스스로 알게 됩니다.

같은 학년의 학생이 다 함께 보는 시험은 결국 다른 선생님들의 출제 방식에 맞추어 드리는 일에 불과합니다. 채점도 옆자리 친구의 것을 교환해서 해주면 쉽게 끝납니다. 채점은 서로가 엄격하게 하면 할수록 그 친구를 위해 좋은 일이라고 강조해 일러두면 학생들은 진지하게 받아들입니다.

이 방법은 기초학력 습득의 전형으로 인식되는 '한자학습'이라는 자가 훈련을 학교 이외의 생활 속에서도 적극적으로 적용해 볼 수 있는 의미 있는 방법이라고 말할 수 있습니다.

한자학습 가운데 중요한 또 한 가지 과제는, 최근 외운 한자를 일상회화나 작문활동 가운데 활용할 수 있는지의 여부입니다. 이것이 가능하도록 교사가 할 수 있는 일은 무엇인지에 대해 다음 장에서 살펴보겠습니다.

생활에 뿌리내린 한자학습

제가 교사가 된 지 6년이 지난 즈음, 즉 아침독서를 실천하기 10년 전에 한자학습을 위한 한 가지 좋은 방법을 고안해 냈습니다. 어쩌면 이것은 아침독서보다도 중요하고 의미 있는 학교 현장에서의 실천방법일지도 모릅니다. 이것은 제가 학교에서 생활지도를 담당했을 때, 학생 한 사람 한 사람을 어떻게 대해야 하는지를 고민하면서 전교생이 일제히 실시하는 방법론으로서 제안했던 것입니다. 하지만 이 또한 일선 교사들에게 부담을 주는 점이 있어서 결국 많은 분들이 불평을 토로했습니다. 그래서 이 방법을 아침독서처럼 전국으로 확대시킬 수는 없었습니다. 이 실천방법이란 바로 '나의 역사'입니다.

'나의 역사'는 신입생이 입학하는 날에 담임 선생님께 제출하도록 했습니다. 신입생들은 입학 전 원고지 100장 정도를 묶어 놓은 꽤 두툼한 책자를 받게 됩니다. 그렇게 받은 100장의 원고지 가운데 맨 앞 20~30장 정도에 자신이 태어난 순간부터 고등학교에 입학하게 된 날까지의 역사를 써 내려갑니다. 학교는 조금이라도 학생들이 부담을 느끼지 않고 마음의 준비를 할 수 있도록 배려하기 위해 입학식보다 3주 전에 개최되는 '입학설명회' 자리에서 이 활동의 의미를 소개하고 그 구체적인 작문 목차도 학생들에게 알려주었습니다. 목차의 내용은 다음과 같습니다.

1 자신의 출생에 대한 이야기 2 이름의 유래 3 아버지와 어머니에 대한 소개 4 할아버지, 할머니, 형제자매에 대한 소개 5 자신의 유아 시절 이야기 6 초등학교 시절 이야기 7 중학교 시절 이야기 8 친구 소개 9 취미와 특기 10 고등학교에 입학하면 하고 싶은 일 11 장래 희망 (꿈) 12 나의 독서 역사를 소개(12번 항목은 아침독서 실시 후부터 늘어난 항목임).

각각의 소제목에 대해서 원고지 두세 장을 쓰게 되면 총 20~30장 정도로 완성이 됩니다. 사실 저는 고등학교 졸업할 때까지 이렇게 긴 작문을 써 본 적이 없었습니다. 이 제안을 하면서 한 반에서

10~15장 정도 쓰는 학생이 여러 명 나오면 대성공이라고 생각했습니다.

그런데 생각과 달리 거의 모든 학생이 적극적으로 참여해 원고지 20장을 넘겼습니다. 이러한 '나의 역사' 작성 프로그램은 각 반의 담임 선생님께 맡겨집니다. 그리고 원고지의 나머지 부분은 학생이 학교를 졸업할 때까지 매 학기가 끝날 때마다 반성과 성찰, 학교 행사와 수업 등에 대한 소감 등으로 자유롭게 채우도록 합니다. 말 그대로 그 두툼한 원고지 뭉치는 고교 3년 동안 '나의 역사'를 만들어 가는 작업이었습니다.

저는 이 작업을 '한자학습' 기회로 활용했습니다. 기본적으로 학생들이 작문할 때 떠올리는 단어들은 그들의 유년 시절에 사용한 일상생활의 살아 있는 말들인지라, 글을 쓰는 과정에서 구어체 문장을 한자 중심의 문어체로 바꾸는 작업이기도 합니다. 원고지에 쓰인 구어체 단어들을 제가 지적하면 학생들이 사전을 찾아 적절한 한자로 바꾸게 됩니다. 적어도 원고지 한 장에 10~20개 정도는 고쳐야 하고, 많은 경우는 50~60개 정도의 히라가나 표현들을 한자로 바꾸어야 합니다.

학생들이 자각하도록 저는 늘 이렇게 물으며 한자습득의 중요성을 강조했습니다.

"자신의 이름조차 정확하게 한자로 못 쓴다면 어떤 기분이 드는가?"

이런 작업을 3년 동안 계속해 가다 보면 졸업할 때쯤에는 자신이 하고 싶은 말들을 대부분 자유롭게 한자로 쓸 수 있게 됩니다. 또한 작문을 시작함과 동시에 자연스럽게 국어사전을 펼쳐 봅니다. 3년 동안 국어사전을 열심히 사용해 사전이 완전히 해진 학생도 있었습니다.

효과적인 국어사전 이용법으로 다음 몇 가지를 소개하기도 했습니다. 그 하나는 교과서 한 권 전체에서 의미를 모르는 단어들을 찾아보도록 한 것입니다. 그 대신 찾은 개수만큼 점수를 주고 평가해 주었습니다. 또 한 가지는 일주일에 두 번 정도 마음이 끌린 신문 기사를 스크랩하여 거기에 나오는 어려운 말들을 노트에 쓰면서 연습하도록 했습니다. 그 결과 많은 학생들이 신문을 보다 쉽게 읽을 수 있게 되었습니다.

또 한 가지 특징적인 방법은, 시험 출제 시 모든 문제를 '작문' 형태로 낸 것입니다. 예를 들어 어떤 학기의 기말시험 문제는 "지난 학기 중에 자신에게 도움이 된 내용들을 모두 다 써 보시오"였고, 시험 중에 국어사전을 사용할 수 있도록 했습니다.

이 방법의 장점은 채점할 때 한자로 고쳐야 할 단어를 지적하거나 감점의 대상으로 삼을 필요가 없다는 점입니다. 게다가 시험을 치르기 수주일 전에 시험 문제를 공개해 주기 때문에 미리 무엇을 쓸 것인지 준비할 수 있고, 어떤 한자를 사용할지에 대해서도 미리 조사하여 예습해 두면 시험일에 굳이 사전을 펼칠 필요도 없습니다.

한자학습에 대한 제 신념은 그것이 일상생활에 뿌리를 내리고 있어야 비로소 의미를 지닐 수 있다는 것입니다. 어느 해에는 여름방학 숙제로 초등학교 6학년 때 배우는 '교육한자'의 일람표를 주고 하나의 한자에 두 가지 이상의 활용방법을 알아보고 노트에 써 오도록 했습니다. 방학 숙제에 대한 학생들의 반응은 아주 긍정적이었습니다.

"초등학교 시절에 이렇게 많은 한자를 이미 공부했다는 사실을 새삼스럽게 깨달을 수 있었다."

"초등학교 때 배운 한자를 지금은 절반도 쓰지 못한다는 사실을 알게 되었다."

이 같은 학생들의 반응에 저는 큰 보람을 느꼈습니다.

아침을 시작할 때 무엇을 해야 할까?

한자학습이 생활 속에 뿌리내릴 수 있는 방법들을 생각나는 대로 적어 보았습니다. 원래 언어 학습이란 본질적으로 생활 속에서 이루어져야 합니다. 일부러 시간을 내서 주입해 공부하도록 하는 것, 잘하는 사람과 못하는 사람을 함께 시험 보게 하여 0점부터 100점까지 분포시키는 것을 교육이라고 생각하면 안 됩니다. 일본의 학교들이 이러한 심각한 오해를 불식시키고 진정한 의미의 교육을 실현하기까지 얼마나 참고 기다려야 하는 걸까요?

한자학습을 도와주는 아침독서는 단지 10분 정도의 아침 시간을 빼앗을 뿐입니다. 하지만 이 시간은 아이들에게 고도의 언어습득을 가능하도록 만드는 소중한 기초 활동으로 반드시 필요합니다.

단, 아침 시간에 매일같이 쪽지 시험만 볼 게 아니라, 생활 속에 뿌리내린 여러 방식의 한자학습이 가능할 것입니다. 아침독서의 중요한 특징들이라 할 수 있는 '다 함께 하는 것' '날마다 하는 것' '좋아하는 책을 읽는 것' '읽기만 하면 되는 것'의 효과를 생각해 보면, 학생들에게 진정한 가치가 있는 활동이 어느 쪽인지는 명확해지지 않나요?

최근 산수 및 수학 학습에 관하여 글 쓸 기회가 있어서 고민하던 중 언뜻 생각난 것이 바로 '순서성(順序性)'과 '절대량(絶對量)'에 대한 것입니다. 그리고 아침독서도 그것 때문에 필요한 것이라는 글을 썼습니다.

아이들의 언어 능력 발달과 성장도 단계적으로 순서에 맞추어 올라가는 경향이 있습니다. 그런데 이러한 각각의 단계를 무시하고 빼버리면 아이들의 힘만으로는 앞으로 나아가기 어렵습니다. 이 단계라는 것은 '언어성장'에 있어서의 '자연필연성'으로 구성되어 있습니다. 즉, 아이들의 언어 능력은 태어나면서부터 시작되고, '사랑받는 힘'으로부터 '사랑하는 힘'으로 변해 가는 성장과 함께 '말을 듣는 것'으로부터 '이야기를 듣는 것'으로 발전합니다. 결국 '읽으면서 듣는 것'의 단계로 접어들 그 시기에 아이들 앞에 '글'이 등장합니다. '읽으면서 듣는 것'은 어른이 아이에게 책을 읽어 주는 단계가 역전되어 아이가 어른에게 책을 읽어 주는 단계로까지 나아간 것을 의미합니다. 그런데 일본의 가정과 학교에서는 이 마지막 단계가 쏙 빠진 것 같습니다.

이러한 각각의 단계를 거쳐야만 아이들은 겨우 혼자 소리 내어 읽고 동시에 이해하는 '음독(音讀)'의 힘을 키워 나갈 수 있습니다. 아침독서는 그다음으로 이어지는 '묵독(默讀)'의 단계로 안내합니다. 혼자서 고요히 책과 마주할 수 있는 묵독의 능력을 초·중·고 12년 동안 말 그대로 묵묵히 도와주는 것입니다.

저는 오래전부터 이미 알던 것이지만, 최근 일본의 초등학교에서는 언어 학습 가운데 음독의 훈련이 절대적으로 부족하고, 특히 초·중·고 전체를 통틀어 묵독에 대한 훈련은 거의 전무하다는 지적이 있었습니다. 이러한 현상은 학교뿐만이 아니라 가정에서도 마찬가지입니다. 집에서도 어른들은 '아이들이 말하는 것을 듣는 것' '아이들이 이야기하는 것을 듣는 것' '아이들이 읽는 것을 들어 주는 행위'에 대해 거의 관심이 없습니다.

아침독서는 바로 이러한 상황 속에서 하나의 '해결사'로 등장했습니다. 아침독서는 지금까지 진행되어 온 초·중·고 교육의 방침과 흐름에 역행하거나 방해가 되지 않으면서도 아이들의 미래에 꼭 필요한 '묵독'의 힘을 북돋워 주려고 나온 것입니다. 아이들에게 무엇이 부족한지 명확히 알게 된 지금, 아침독서는 해도 되고 안 해도 되는 일이 아니라 반드시 해야만 하는 중요한 해결책이 되었습니다.

다음으로 말씀드릴 것은 바로 '절대량'의 문제입니다. 이에 대해서도 일본의 학교는 큰 실수를 범해 왔습니다. 절대량의 문제는 하루의 식사량과 같습니다. 밥을 한꺼번에 끝도 없이 먹을 수 없듯이 '독서'도 일정한 수용 한계를 지니고 있습니다. 하지만 밥을 굶으면 아무 힘도 낼 수 없듯이 절대적으로 필요한 섭취량은 존재합니다. 이처럼 절대적으로 필요한 독서 양이 바로 '독서의 절대량'입니다.

학교에서의 체험을 토대로 말씀드리면, 한 달 동안 국어 교과서 한 권 정도의 분량은 꼭 읽어야 합니다. 그러므로 1년에 국어 교과서 12권 분량의 책을 읽을 필요가 있습니다. 이러한 독서의 양식을 섭취시키는 것은 어른들의 책임이고, 학교 교육의 중요한 임무입니다.

아침독서의 중요한 목표 가운데 하나는, 아이들 한 사람 한 사람이 자신의 힘으로 초·중·고 12년 동안에 유아적인 독서 능력을 단계적으로 성장시켜 결국 '묵독'의 단계까지 끌어 올리는 것입니다. 아침독서를 꾸준히 실시한다면 그 과정에서 교사는 인위적으로 아이들의 성장을 이끌어 내기 위해 애써야 한다는 부담감에서 해방될 수 있습니다. 물론 가정에서 부모들이 느끼는 부담도 없어질 것입니다.

학습의 절대량은
사람마다 다르다

에토 쥰(1932~1999, 전후 일본을 대표하는 문학평론가, 도쿄공업대학, 게이오대학 교수) 선생님은 아침독서의 본질을 이미 꿰뚫고 계셨습니다. 지역의 이름 없는 교사 한 명을 위해 차분히 이야기를 경청해 주셨습니다. 대화 중 에토 선생님은 이렇게 말씀하셨습니다.

하야시 : 진학을 목적으로 하는 학교일수록 더욱 아침독서가 확대되어
　　　　야 할 텐데요.
에　토 : 그러게요. 그런데 '10분 책 읽을 시간이 있으면 수학공식이나
　　　　외우라'고 말하는 교사가 있다면 그런 사람은 정말 마음이 각
　　　　박한 사람이네요. 10분 정도는 학생들이 좋아하는 책을 읽어
　　　　도 좋지 않나요?

　그런데 대담을 소개한 책에는 이 부분이 삭제되어 있었습니다. 에
토 선생님은 이때 다음과 같은 얘기도 덧붙였지요. 그래서 저는 이렇
게 대답했습니다.

에　토 : 정말 수학공부를 하고 싶다면 아침독서 시간에 수학공부를 하
　　　　면 되는 것 아니에요?
하야시 : 제 말이 그 말입니다. 그때 수학 교과서를 읽어도 됩니다.

　이 대화에서 알 수 있듯이 아침독서의 가능성은 넓고도 깊습니다.
아이들이 가장 읽고 싶은 책(필요한 책, 즐거운 책)이 수학 교과서라면
그것을 자유롭게 읽어도 되는 것입니다. 아이가 자신에게 그날 가장
필요하다고 자각한 책을 고민해서 선택할 때 비로소 진정한 공부가
시작되는 것입니다.
　이런 자각이 빠져 있기 때문에 아침학습 프린트가 종이비행기가
되어 교실 안팎에서 날아다니는 게 아니겠습니까? 수학교사의 고민

도 결국은 거기에 있는 것 아닌가요? 아이들이 자발적으로 수학에 관심을 갖게 되는 것 말입니다.

TV나 신문도 최근의 학력저하 문제에 대해서 호들갑을 떨고 있습니다. NHK 특집 프로그램 들에 등장하는 교사들이 생각해 낸 새로운 방법이나 교육 현장을 취재한 마지막 결론은 항상 "각각의 아이에게 적절하고 마음이 담긴 지도가 필요하다"는 것입니다. 이것은 당연한 전제일 뿐인데 매번 '대안'으로 제시되는 것이 답답할 뿐입니다.

수학을 가르칠 때 느끼는 어려움은 다음 두 가지로 정리할 수 있을 것입니다. 하나는 다른 과목에는 없는 '뚜렷한 구조성(체계)', 또하나는 다른 과목에는 없는 '일상생활 속에서 아무런 필요성을 느낄수 없다는 점'입니다.

일상생활 속에서 필요성을 느낄 수 없다는 점은 제가 지적할 필요도 없이 많은 어른들도 느끼는 점 아니겠습니까? 저는 고등학교를 졸업한 이후 수학을 배워 삶에 도움이 되었다는 생각을 해 본 적이 없었습니다. 그런데 교사가 된 뒤, 수학 성적이 미진한 학생들을 모아 놓고 보충수업을 했을 때는 조금 도움이 되었습니다.

나의 신조 가운데 하나는 '수학교사가 되어선 안 된다'는 것이었습니다. 하지만 고독한 청년시절에 상대성 이론과 수학은 저에게 가장 매력적인 이론이고 학문이었습니다. 그런데도 많은 학생들에게 그러한 수학의 가치와 필요성을 납득시키는 일은 일반 교사들이 감당하기가 쉽지 않습니다.

먼저 얘기한 '구조성(체계)'에 대해서는 굳이 부연설명을 안 해도 될 것입니다. 사칙연산을 못하는 아이는 자연히 방정식을 풀지 못할 것이고, 방정식이라는 고개를 넘은 학생만이 미·적분 문제를 풀 수 있을 것입니다.

저의 보충수업 방법은 참 간단한 것입니다. 학업 성취도가 낮은 학생이 어디쯤에서 걸려 있는지를 총 점검하고 가장 먼저 정체된 부분이 발견되면 그 지점부터 다시 한 번 자기 힘으로 넘어서도록 이끌어 줄 뿐입니다(심지어 고교 3학년 때 미·적분에 들어간 학생에게 초등학교 5학년 교과서부터 다시 풀도록 시킨 적도 있었습니다). 교과서는 정말로 잘 구성되어 자습을 하기엔 더 없이 좋은 안내서입니다.

수학을 공부할 때의 어려움은 중요한 특징인 '구조성·순서성'과 더불어 '학습의 절대량'에 관한 문제입니다. 결론부터 말씀드리면, 학급의 모든 학생이 수학을 싫어하지 않도록 하려면, 모든 학생이 수학을 이해할 수 있도록 가르치는 수밖에 없습니다. 이 방법은 누구나 자신의 경험을 통해 발견할 수 있습니다. 단지 그것을 실현하기 위해 어떤 구체적 방법을 선택하느냐 하는 문제가 남습니다.

저는 수학 공부에 흥미가 없는 고등학생들에게 보충수업밖에 해 본 적이 없어서, 다른 수학 교사들이 사용하는 참고자료가 거의 없었습니다. 하지만 근본적으로 학생들에게 적절한 방법을 선택해 가르쳤다고 자부합니다.

그것은 바로 '학습의 절대량은 개인마다 다르며, 될 수 있는 한 그 절대량은 적을수록 좋다'는 것입니다. 제가 보충수업을 실시할 때 사용한 교재는 이미 모든 학생들이 학교에서 사용하던 교과서뿐이었습니다. 저는 이런 방법이 필요하며, 오히려 그것이 충분한 절대량이라고 믿습니다. 그 이상의 공부량은 오히려 역효과를 줄 수 있습니다. 여러 자료를 통해 과도하게 공부시키지 않는 게 좋습니다. 교과서에서 다루지 않은 내용은 더 공부하고 싶은 학생만 하면 됩니다. 이른바 '고급 문제' 혹은 '어려운 문제'의 경우는 학교의 책임이 아닌데다가 그것에 주목하게 되면 반드시 수학을 싫어하고 기피하는 학생들이 늘어나기 마련입니다.

그 대신 교과서 본문에 소개된 내용에 대해서는 모든 학생들에게 제대로 설명해 주면 됩니다(이때 경우에 따라선 연습문제를 빼도 좋습니다). 그리고 제가 사용한 방법의 또 다른 특징은 교사만 학생들에게 설명하는 것이 아니라 오히려 학생들이 교사에게 설명하도록 하는 것입니다. 그러면 학생들 스스로가 교과서 내용을 충분히 이해해야만 그것을 자신의 말로 설명할 수 있음을 깨닫게 됩니다. 그로 인해 진지하게 자습하고 고민해야 함을 느끼게 됩니다. 그냥 입 벌리고 앉아 받아먹는 지식이 아니라, 아이들이 수학 교과서를 하나의 독서 대상으로 읽을 수 있도록 안내하는 것입니다. 이것이 바로 아침독서의 중요한 목적이기도 합니다.

삶의 토대가 되는
'사랑의 힘'

현재 게이센 여학원 중고교 교장이신 아즈미 리키야 선생님은 자신이 농아학교에서 배운 경험을 토대로 이렇게 강조했습니다.

"우리는 무한대의 소리 환경 속에서 무의식적으로 듣고 싶은 소리만을 알아듣습니다. 그것은 이른바 선택적인 주의집중이라는 매커니즘입니다."

"자신에게 소중한 사람과의 관계성을 배제하고선 '듣는 힘'을 키울 수 없습니다."

"아기가 이 세상에 나와 처음으로 알아듣는 소리는 어머니의 목소리입니다."

"이때가 바로 사람에게는 '말'의 탄생 순간입니다."

"사람의 말이란, 사랑의 관계에서 잉태되는 산물입니다."

"사랑해 주는 사람이 없는 아기는 말도 못할 뿐더러 제대로 자랄 수도 없습니다."

"모국어로서의 말은 가르칠 수가 없는 것입니다. 다만 타자(他者, 특히 어머니)와의 사랑을 토대로 한 관계성 속에서 자연스럽게 생겨나는 말을 기다릴 수밖에 없는 것입니다."

앞에서 '읽고 듣는 것'보다 먼저 '말하고 듣는 것' '이야기하고 듣는 것'이 우선한다고 말씀드린 적이 있습니다. 그런데 이것보다도 더욱 원초적인 단계가 '말'의 탄생 순간이라고 할 수 있습니다.

'사랑받으며 생기는 힘(아이들의 경우는 어머니의 사랑으로부터 받는 힘)'의 성장을 기초로 하여 사람의 말, 즉 '모국어'가 탄생하고 발전해 가는 것입니다. '사랑받으며 생기는 힘'이 어느 정도 자라면서 아이들 스스로가 '사랑하는 힘'을 만들어 낼 수 있다고 믿습니다. 아즈미 선생님도 이렇게 말했습니다.

"손을 쓰는 교육과 마음을 쓰는 교육이 있습니다. 손을 많이 써도 마음을 안 쓰면 아이들 마음속에 한 인간으로서의 진정한 마음이 자라나지 못합니다. 그럴 때 아이들의 입에서는 말도 안 나오고 그들은 제대로 자랄 수도 없습니다."

저는 오래전부터 '사랑받는 힘'과 '사랑하는 힘'이란 표현을 사용해 왔으며, 그것이 바로 언어 성장의 중요한 기초가 되어야 한다고 주장해 왔습니다. 그런데 그와 같은 맥락에서 아즈미 선생님은 농아학교에서의 경험을 토대로 '말의 탄생'이라는 개념을 만들었습니다. 즉, '사람의 말이란 사랑에 기초한 관계성 속에서 잉태되는 산물'이라는 것입니다.

그리고 여기서 말하는 어머니와 아이의 관계는 교사와 학생의 기본적인 관계로 이어집니다. 바로 그 지점에 아침독서의 실천적인 특징이 녹아 있습니다. 아즈미 선생님도 다음과 같이 말했습니다.

"아이들은 기다려 줄 때 비로소 건강하게 자랄 수 있습니다."

물론 어른들도 모두가 기다려 줄 때 비로소 성장할 수 있습니다. 그런데 쑥쑥 자라나는 아이들의 경우는 더더욱 그 성장의 순간을 기다려 주어야 합니다. 아침독서는 바로 그러한 성장의 감격적인 순간, 즉 변화의 순간을 기다리며 아이들을 지켜봐 주는 것을 중요시하는 시간입니다.

"우리 어머니들과 교사들이 근본적으로 아이들을 대하는 태도를 바꿀 때, 비로소 처음으로 보이는 세계가 있습니다."

아침독서는 아이들에게 있어도 되고 없어도 상관없는 것이 아닙니다. 아침독서는 모든 아이들에게 반드시 필요한 것입니다. 그 사실을 알게 된 이상 아침독서는 더 이상 미룰 수 없는 사명이 되었습니다.

"아이가 비로소 한 인간이 되는 것, 스스로가 자기 모습을 만들어가며 자립해 나가는 과정에는 참으로 깊은 의미의 '순서성'이 있습니다."
"인간의 인격(혹은 마음)에는 구조성이 있습니다."
"그 기초 부분은 다름 아닌 '감정'이며 그것은 가장 변덕스러운 것입니다."
"그 기초에 감정이 있다면, 그 역할은 안정성입니다. 감정이 안정되어 있다면 희로애락, 즉 기쁨, 슬픔, 고통, 미움, 질투 등 모든 인간적 감정을 타자와의 관계 속에서 충분히 경험하고 교류하여, 훌륭히 견뎌낼 수는 있는 기초로서 성장합니다."

"우리 마음의 기초 부분이 흔들리면 훌륭한 능력과 지식, 학력이 있어도 그 힘을 발휘할 수 없습니다."

"감정적인 안정이 있어야 그 위에 하고 싶다는 마음이 생겨나고, 바로 거기서 자주성이나 사회성이 자라납니다."

따라서 아침독서의 입장에서 보면, 모든 아이들의 감정적인 '안정성' 확보를 목표로 삼는 것이 다른 기초학력 향상을 목표로 삼는 학습활동보다 더 중요합니다. 그러므로 학교와 교사들이 학생들에게 우선적으로 제공해 주어야 할 활동은 아침독서라고밖에는 말할 수 없습니다. '독서'는 아이들이 현실적으로 경험하지 못했던 세계를 볼 수 있도록 그 문을 열어 주기 때문입니다. 그 순간 아이들은 스스로 깨우치고 자라나게 됩니다.

마지막으로 아즈미 선생님이 남긴 메시지를 전하며 이 장을 마칠까 합니다.

"우리는 어쩔 수 없이 눈앞의 아이들을 단지 보이는 모습으로만 판단하고 싶어 합니다."

"지금 밖으로 드러나는 아이들의 모습이란, 지금까지 그 아이 안에 쌓여 온 것들이 표출되는 결과에 불과합니다. 즉, 지금의 현실이 결국 그 아이의 미래에 중요한 원인이 될 것입니다."

"현재 눈에 보이는 아이의 모습만 가지고 판단하면, 결국 그 아이의 한계만 보게 됩니다."

"한계는 아이 쪽에 있는 것이 아니라, 그 아이를 바라보는 우리들, 즉 부모나 교사 쪽에 있습니다. 우리의 통찰력이나 역량이 모자라기 때문에 아이들이 현재 보이는 모습을 '한계'라고 단정 짓는 것입니다. 진실은 우리가 인내하며 기다리는 동안 아이들 속에서 움트며 자라납니다. 마치 땅속에 깊이 잠들어 있던 씨앗이 싹을 틔워 세상에 모습을 드러나는 때가 오는 것처럼 말입니다."

2

교사의 **자기변혁**을 이끄는
아침독서

아침독서가 교사에게 주는
'희망'의 요소들

제가 처음 재직한 학교에서 아침독서를 시작했을 때 두 가지 기대가 있었습니다. 하나는 '학생에 대한' 것이었고, 또 하나는 '교사에 대한' 것이었습니다. 학생에 대한 기대감은 기대 이상의 성과를 보였지만, 교사에 대한 기대감은 손톱만 한 인식을 겨우 얻어 낸 정도에 불과했습니다. 다시 말해 제가 받은 학교 현장의 '실천 보고서' 가운데 거의 모든 내용은 결국 '학생들이 어떻게 변했나'에 관한 것이었고, '교사들은 어떻게 변했나'라는 질문에 답한 곳은 100개 학교 중한 학교 정도에 불과했습니다.

하지만 아침독서를 실천한 교사들이 보낸 실천 보고서에는 저의 기대에 부응하는 내용이 많았습니다. 그 내용을 정리하면 대략 몇 가지로 요약할 수 있습니다.

첫째, 지금까지 책을 거의 읽지 않고 아침독서 활동에 대해 반대했던 교사가 진지하고 즐겁게 책을 읽게 되었다. 둘째, 아침 조례 시간에 항상 늦던 교사가 아침독서를 시작한 뒤 시간에 맞춰 교실에 들어가게 되었다. 셋째, 한 해에 두세 권 정도 책을 읽던 교사가 아침독서를 하면서 독서량이 20~30권으로 늘었다. 넷째, 아침독서가 학교에서 성공하려면 모든 교사가 서로 잘 지내야 한다는 사실을 알게 되었다.

아침독서의 제창자인 저는 이러한 교사들의 변화를 처음부터 기대하고 있었습니다. 물론 이 정도의 보고서 내용도 상당한 결과라고 할 수 있지만, 100개 학교 가운데 한 학교 정도밖에 응답하지 않았다는 것이 너무 아쉽습니다. 현장보고의 요청을 알면서도 그 정도의 응답률에 그쳤다는 것은 교사들의 인식 수준을 있는 그대로 보여 주는 것이라 말할 수 있습니다.

그러면 아침독서를 실천에 옮기면서 '교사를 위해 준비된 요소'는 무엇이었는지 예를 들어 설명하겠습니다. 열거된 순서는 단지 편의적인 배열일 뿐, 중요도를 의미하지는 않습니다. 앞서 소개한 네 가지 요소는 당연히 들어가는 것이므로 '다섯째' 요소부터 다시 살펴보겠습니다.

다섯째는 우리가 내건 표어 중 하나인 '아이들이 변한다, 선생님이 변한다, 학교가 변한다'가 명확히 가리키듯이 아이들처럼 선생님도 변할 것이라는 믿음입니다. 제가 그러했듯이 교사는 단지 교사이기 때문에 학생들을 지도하는 것이 아닙니다. 학생들의 현실에 자신을 던져 학생들과 함께 배우면서 조금씩 진정한 의미의 교사가 되어 가는 것입니다.

현장에서 인정하는 베테랑 교사들과 32년간 일해 왔던 경험으로 판단해 봐도 도무지 참된 의미의 '교사'라고 부를 수 있는 사람이 과연 열 명 중 한 명 정도는 있을지 자신하기 어렵습니다. 왜냐하면 한 사람을 교사로서 인정하느냐 안 하느냐 하는 것은 본질적으로 학생들이 평가하는 일이기 때문입니다. 아침독서는 교과과정을 이수하여 시험에 합격한 것에 불과한 교사자격증을 무의미하게 만듭니다. 그리고 교칙의 파수꾼처럼 되어 버린 교사들을 맨몸으로 학생들 속에 뛰어들게 만드는 수단이기도 합니다. 결국 그 상황 속에서 진정한 교사가 될 수 있는지의 여부는 그 교사의 개인적 노력에 달렸습니다.

여섯째, 아침독서를 제안할 때 가장 중요하게 생각한 것은 '누구든지, 언제든지, 어디에서나 할 수 있다'는 점이었습니다. 현실적으로 교사나 학생들이나 할 일이 산더미처럼 쌓여 있는데 더 부담을 주어서는 안 된다고 생각했습니다.

아침독서의 4원칙, '모두 읽어요' '날마다 읽어요' '좋아하는 책을 읽어요' '그냥 읽기만 해요'라는 것도 바로 이런 생각에 바탕을 둔 것입니다. 이런 방식으로 실천하면 어디에 있어도 교사와 학생 모두가 함께 할 수 있지 않을까 궁리한 결과였습니다.

새롭게 제기되는 교육 개혁안이나 실천 모델들은 예외 없이 교사와 학생에게 더 많은 부담을 안겨 주는 것들뿐입니다. 그래서 제기되었다가 없어지고, 또 다시 제기되어도 결국 이 나라의 풍토에 뿌리내리지 못한 채 방치되고 사라져 버리기 십상이었습니다.

아침독서는 이런 실패를 되풀이해선 안 된다는 강한 신념으로 계속 이어왔습니다. 하지만 아침독서가 외형적으로 늘어나긴 했지만, 속빈 강정처럼 뼈대만 남은 측면도 있습니다. 그 근본적인 원인은

'교사는 진정한 교사로 거듭나기 위해 노력한다'는 것을 아침독서로
부터 배우려고 하지 않는 교사들이 많기 때문이라고 할 수 있습니다.

'확신을 가진 한 사람'이
필요

일곱째는 '가능한 부분부터 시작하자'는 것입니다. 아침독서운동
은 자칫하면 '전교가 함께'나 '모두 함께 한다'는 식의 방법론적 특징
에 현혹될 수 있습니다. 따라서 '혼자라도 할 수 있다' '하고 싶지 않
은 사람은 하지 않는 편이 낫다'라는 제 주장은 별로 주목받지 못한
게 현실이었습니다. 뿐만 아니라 '학생과 교사가 모두 함께'라는 구
호에 대해 "새로운 전체주의의 온상이 될 수 있다"는 빗나간 비판을
하는 사람도 간혹 있습니다. '학생과 교사가 각각 다른 내면적 요구
를 통해 진지하게 사유하는' 본질을 보지 않고 '모두 함께 한다'는 표
면적 현상만 보고 나오는 비판입니다.

'혼자라도 할 수 있다'는 아침독서의 실천적 특징을 많은 교사들
이 끊임없이 숙고했으면 합니다. 지금은 학교 전체가 참여하는 많은
학교들도 처음에는 대부분 교사 한 사람의 아침독서로부터 시작되었
기 때문입니다. 비록 학교 전체가 하고 있다 해도, 이 한 사람이 없어
졌을 때 실로 허무하게 중단되는 경우를 많이 보았습니다. 따라서 아
침독서가 계속 진행되려면 아침독서운동에 대해 확신을 가진 한 명

의 교사가 절실하게 필요하다는 사실을 분명히 인식해야 합니다.

여덟째는 아즈미 리키야 씨의 다음과 같은 말에서 영감을 얻은 것입니다.

"육아나 교육은 희망에 거는 기술이다."

"아이가 지금 보여 주는 결과로 판단하는 것이 아니라 먼 미래에 이루어질 것을 생각하며 아이에게 동기를 주는 기술이다. 그것이 바로 부모와 교사에게 가장 필요하고 중요한 부분이다."

"0.01%의 가능성이라도 있다면 그 희미한 빛줄기를 꿰뚫어 보는 눈이나 감성이 바로 여기에서 필요한 전문성이다."

마지막 대목에서 '여기'란 어디를 말하는 것일까요? 바로 학교입니다. 아침독서는 학생은 물론 교사에게도 희망을 줍니다. 30년 이상 교사로 살아온 선배로서 학생들에게 무엇보다도 먼저 알려 줘야 할 것은 바로 '살아가는 희망'이 아닐까 생각합니다.

아즈미 씨는, 학교에서 일하는 교사에게 필요한 전문성은 아무리 희미한 것이라도 학생 한 명 한 명이 가진 '빛나는 부분(저는 이것을 '미래의 가능성'이라고 부릅니다)'을 꿰뚫어 보는 눈과 감성이라고 지적합니다. 이 지적은 진정한 교사의 역할을 생각할 때, 경청할 가치가 있습니다. 더불어 기초학력 향상, 한자와 수학문제 풀이를 철저히 시키는 일은 교육의 본질적 역할과는 동떨어진 일이 아닌가 하는 생각이 절로 듭니다.

그리고 일반적으로 거의 모든 교사가 무엇인가를 가르칠 때, 이해하는 학생에게는 호감을 갖는 반면, 이해하지 못하는 학생에게는 호감을 갖지 않는다는 사실입니다. 이 사실은 아마도 인간관계의 본질과 연결되어 있을 것입니다. 보통 사람이란 서로를 깊이 이해했을 때 비로소 기쁨을 느낍니다. 학생과 교사의 관계도 마찬가지입니다. 교사의 말을 이해해 주는 학생에게는 기쁨을 느끼게 되고, 잘 이해하지 못하는 학생에게는 일종의 어색함을 느끼며 당황하게 되는 것이지요.

무언가를 이해하기까지는 참으로 어려운 과정을 거치게 됩니다. 어떤 학생이 잘 이해하지 못하는 상태에 머물 때에, 얼마나 어려워하는지에 대해서는 교사가 충분히 헤아리지 못하는 것 같습니다. 이해하지 못하는 아이들의 상태는 아이들 수만큼 다양하게 존재하는 것입니다.

저는 교사가 된 뒤 바로 이것을 깨달았기 때문에, 가르치는 내용을 이해시키는 것이 아니라 아이들 스스로가 "아! 이제야 이해했어!"라고 말하는 순간까지 인도하는 도우미 역할이 중요하다고 믿었습니다. 경우에 따라서는 아이가 이해할 때까지 묵묵히 기다려 주는 것도 필요합니다.

아이들은 각각 태어난 곳도, 자란 환경도 모두 다르기 때문에 느끼는 방법과 생각하는 방식도 모두 다를 것입니다. 결국 이해의 과정이 아이들마다 모두 다른 것입니다. 그러므로 기초적인 내용 가운데 어디를, 어떻게 이해하지 못하는지, 이해할 수 있도록 어떤 방식으로 인도해 주면 좋을지 고민해야 합니다. 비록 희미할지라도 학생이 가진 가능성, 숨겨진 장점 등을 꿰뚫어 보는 눈과 감성이 교사로부터 충분히 발휘되어야 합니다. 하지만 현재 많은 학교에서 실시 중인 '아침학습'이라는 방식 가운데에는 이러한 점이 거의 자각되지 못한 것 같습니다.

소중한 독서 경험에서 움트는 '삶의 희망'

여기서 다시 생각해 볼 것은 아침독서의 4원칙 중 하나인 '좋아하는 책을 읽어요'가 주는 '무한한 가능성'과 그로 인해 생기는 '희망'입니다. '무한한 가능성'은 무엇을 말하는 것일까요? 아이들은 자신이 좋아하는 책을 읽기 때문에 처음부터 자신이 이해할 수 있는 수준의 책을 고릅니다. 여기에서 아이들이 이해하는 내용이 어떤 것인지는 그리 중요하지 않습니다.

확실한 것은, 그 아이는 자신이 선택한 책에서 뭔가 알게 되고 얻어 내는 경험을 한다는 사실입니다. 아이는 그러한 경험을 바탕으로 다음 단계로 스스로 나아가게 됩니다.

아침독서는 그 길을 걸어갈 수 있도록 아이를 도와줍니다. 아이의 학력에 상관없이 모든 아이에게 그 기회를 보장해 줍니다. 그 결과 중고교생 가운데엔 이렇게 고백하는 학생들도 있습니다.

"내가 이런 어려운 책을 읽을 수 있게 되다니 믿을 수 없다."

"필자가 무엇을 말하고 싶은지에 대해서 생각하고 나 나름대로 이해했다."

"상대의 아픔이나 고민을 알게 되고 상대가 상처 받지 않도록 배려하며 이야기하게 되었다."

자신이 처음에는 이해하지 못했던 것을 이해할 수 있게 되었다는 기쁨을 느끼면서 동시에 자신의 능력에 대한 자신감과 희망이 생깁니다. 왜냐하면 자신이 이해하게 된 것은 다른 사람의 힘이 아니라 매일 꾸준히 노력해 자신의 힘으로 얻은 결과라는 사실을 잘 알기 때문입니다.

이처럼 아침독서는 다른 실천방법으로는 상상도 못할 일들을 실현할 수 있는 훌륭한 방법입니다. 진지하게 꾸준히 계속한다면, 모든 아이들에게 '삶의 희망'을 줄 수 있습니다. 이 방법은 아무리 능력 있는 교사라 할지라도 혼자서는 실천 불가능한 일입니다. 하지만 함께 한다면 모든 학생들에게 '삶의 희망'을 줄 수 있습니다.

또한, '아침독서가 학생은 물론이고 교사에게도 커다란 희망을 준다'는 점입니다. 인생 선배로서 학생들에게 '삶의 희망'을 전달하기 위해 꼭 필요한 조건이 있다면, 교사 자신이 먼저 '삶의 희망'을 가져야 한다는 것입니다. 교사 스스로 '삶의 희망'을 갖지 않으면서 어떻게 학생들에게 희망을 전해 줄 수 있을까요?

아침독서가 교사에게 주는 희망은 두 가지입니다. 그 하나는 교사도 학생들과 함께 좋아하는 책을 읽을 수 있다는 점입니다. 그럼으로 써 교사도 삶에 대한 새로운 가능성과 희망을 찾을 수 있게 됩니다. 또 하나는 '삶의 희망'으로 초롱초롱 빛나는 학생들의 눈을 보며 교사로서 살아가는 의미를 알게 된다는 점입니다. 아침독서가 품은 가능성의 폭은 넓고도 깊습니다. 그것은 바로 인간이 가진 가능성 그 자체라고 할 수 있습니다.

지각하는 아이들을 변화시키는 아침독서

아침독서를 실천하는 많은 학교로부터 아침에 등교하는 학생들의 모습이 많이 달라졌다는 소식을 접했습니다. 우리 학교에서도 지각하는 학생이 급속히 줄었던 경험이 있습니다. 제안자였던 저뿐만 아니라 모든 선생님들이 전혀 예상치 못한 일이었습니다. 막상 실천해 보니 지각하는 학생의 숫자가 약 10분의 1로 줄어들었습니다.

여기서 지각과 아침독서의 관계에 대해서 한번 생각해 보고자 합니다. 마침 앞으로 학교 전체가 아침독서를 일제히 시작하고 싶다는 어느 중학교의 문의가 있었는데, 그 가운데 지각과 관련된 다음과 같은 질문들이 이어졌습니다.

"하기 싫은 독서를 매일 아침 하게 되면 오히려 학생들의 지각이 늘어나지 않을까요?"

"출결 확인을 소홀히 하게 되는 건 아닐까요?"

"지각한 아이가 독서 분위기를 방해할 것 같은데, 지각하는 학생을 어떻게 다루어야 할까요?"

나고야의 오타니 고등학교의 예를 들어 볼까 합니다.

"수다를 떨고, 빵과 주스를 먹으며 참석하던 아침 조례시간은 참으로 시끄러웠습니다. 이처럼 시끄럽던 시간들이 조용히 책 읽는 시간으로 변해 가고 있습니다. 또 학교 전체가 일제히 시행한다는 것이 뭔가 압박을 준 것인지, 지각하는 학생의 수가 급격히 줄었습니다. 지각이 아침독서 도입 전년도의 절반까지 줄었고, 9시 넘어 지각 학생이 허겁지겁 뛰면서 등교하던 산만한 풍경이 사라졌습니다. 종합학습 시간에 도입한 것도 큰 이유겠지만, 학교 전체 분위기가 학생 한 명 한 명에게 무언의 압력을 주면서 지각하기 어렵도록 만들었습니다. (중략) 아침독서를 정숙하게 지킬 수 있는 환경을 최우선적으로 만들기 위하여 지각한 학생은 교실에 못 들어오게 했습니다. 또한 아침독서를 종합학습 시간에 편입시켰습니다. 이번 새 학년부터 아침독서 시작 3분 전에는 교문을 닫아 지각 고지를 합니다. 지각한 학생들이 복도에서 떼 지어 모여들지 못하도록 조치했습니다. 전체적으로 볼 때 아침독서를 도입하기 전과 비교하면 교실을 왔다 갔다 하는 학생이나 복도에서 노는 학생이 줄어들고 학교 안이 훨씬 조용해졌습니다. 8시 35분의 예비 종에 이어서(아침독서는 8시 40분부터) 진종종가(일본 불교 오타니파의 종교음악—역자 주)가 들릴 때쯤에는 수백 명의 학생들이 교문을 향해 뛰어옵니다. 그 모습은 예전에는 생각조차 못했던 광경입니다. 결과적으로 아침독서의 영향으로 지각하는 학생이 급격히 줄어들었습니다."

저는 오타니 고등학교의 모든 교사가 참석한 아침독서 연수회에 가서 강연한 적이 있는데, 교사들 모두가 참으로 진지하면서도 열정적으로 아침독서에 대해서 논의하는 것을 보고 무척 놀랐습니다.

또 한 가지 지각 문제에 대하여 희망을 보여 주는 사례가 있습니다. 바로 미국 매사추세츠 주의 서드베리 밸리 스쿨(Sudbury Valley School)의 사례입니다. 세계적인 자유학교로 영국에 서머힐 학교가 있다면 미국에는 이 학교가 있습니다. 1968년에 미국 매사추세츠 주 프레이밍햄 시에 세워진 학교로, 유치원생부터 고등학생까지 함께 다니는 학교입니다. 이 학교의 설립이념에 따라 전 세계에 추가적으로 문을 연 서드베리 밸리 스쿨이 2008년 기준으로 약 40개 교에 이릅니다. 이 서드베리 밸리 스쿨 모델의 특징은 학생이 규칙 범위 내에서 자유롭게 행동할 수 있는 것, 또 그 규칙을 학교 참가자 스스로(주로 학생과 교사)가 결정해 가는 것입니다. 따라서 학생은 배워야 할 내용을 학교로부터 강요당하지 않고 자신의 호기심에 따라 탐구하고 공부합니다. 또한 아이들을 클래스로 나누어 단위별로 행동하도록 강제하지도 않으며, 자의적으로 학생들을 연령에 따라 그룹으로 나누지도 않습니다. 이러한 교육이념은, 아이들이 살아가는 데 필요한 것은 스스로 배워 갈 수 있다는 신념에 기초합니다. 서드베리 밸리 스쿨의 교사 다니엘 그린버그(Daniel Greenberg) 씨가 1995년에 쓴 『Free at Last』에 다음과 같은 사례가 소개되어 있습니다. 교사로서 꼭 한번 해보고 싶은 경험입니다.

내 앞에 앉아 있는 사람은 9~12살 정도의 아이들이다. 지난주 나에게 와서 더하기, 빼기, 곱하기, 나누기 등 산수라면 아무것이나 다 가르쳐 달라고 부탁하던 아이들이다.(서드베리 밸리 학교에서는 산수가 필수 과목이 아니다) 사실 처음에는 "제대로 할 생각은 없는 게 아니니?" 하고 그들에게 솔직히 물어보았다. 하지만 그들은 "아니에요, 열심히 할 거예요!"라고 대답했다. 나는 또다시 "너희들 실은 산수 싫어하지?"라고 물어보았다. "너희들의 가까운 사람들, 아버지, 어머니, 친척들은 아마도 너희들이 수학을 좋아하게 된다면 기뻐하시겠지만, 너희들은 그저 놀거나 다른 즐거운 일을 하고 싶은 것 아니니?" 그러자 아이들은 "우리는 무엇을 하고 싶은지 잘 알고 있어요. 산수를 잘할 수 있게 되고 싶어요. 그러니까 가르쳐 주세요. 열심히 할게요! 숙제도 내주시면 다 할 거예요. 노력할게요!" 나는 의심하면서도 아이들의 말을 들을 수밖에 없었다. (중략) 이렇게 우리 산수반이 시작되었다. '시간을 지키는 것'이 우리 산수반 아이들과 내가 맺은 '협정'이었다. "너희들, 수학을 정말로 배우고 싶다고 했는데, 진짜지?" 수업을 시작하기 전에 나는 매번 이렇게 아이들에게 재확인을 했고, "수업을 위해서 제시간에 꼭 모여야 해! 매주 화요일과 목요일 오전 11시야! 만약 5분이라도 늦으면 그날 수업은 안 할 거야! 그게 두 번 계속되면 수업 자체를 없애 버릴 거야!" 아이들은 초롱초롱한 눈빛으로 대답했다. "네! 약속할게요. 그럼 이제 협정이 맺어진 거지요?" (중략)

이런 힘든 수업인데, 중간에 포기하는 아이가 없었다. 필요하면 아이들이 서로 가르쳐 주고 도와주었다. 12살이든 9살이든, 큰 아이든 작은 아이든, 서로 도와주면서 같이 배우고 있었다. 놀리거나 얕보는 아이들은 하나도 없었다. 아이들은 여전히 11시에 시간을 맞추어 모인다. 30분 동안 수업을 받고 숙제를 가져간다. 다음 수업 때까지 숙제를 완성한 뒤 다시 모인다.

결국 수학의 모든 교과과정을 마치는 데 총 24주(약 6개월)가 걸렸다. 일주일에 두 번, 한 번에 30분씩 했으니 모두 합하면 24시간 만에 모든 과정을 마친 것이다. 보통 학교면 6년 걸리는 작업인데……. 그것도 그 수업에 참석한 모든 학생이 온전하게 습득한 것이다.

지각 문제의 교육적, 본질적 해결책으로 지금까지 이 실천을 넘어서는 좋은 방법을 저는 알지 못합니다. 하지만 일본에서는 현실적으로 이 학교를 따라갈 수는 없습니다. 그렇다고 아예 포기해야 할 필요도 없습니다. 우리가 희망을 가지는 아침독서가 있기 때문입니다. 교사들이 조금만 배려하고 노력하면 서드베리 밸리 학교에서 이뤄지는 교육에 가까워질 수 있지 않을까요?

모든 아이들이 지각을 하지 않으며, 모든 아이들이 본인이 선택한 책을 읽게 되며, 모든 아이들이 서로 도와주고 가르쳐 주면서 지금까지 읽지 못하던 어려운 책까지 읽을 수 있게 되며, 아침독서 시간 외에도 누가 강제로 시킨 숙제를 하듯 읽는 것이 아니라 스스로 기꺼이 몇 분, 혹은 몇 시간씩 책을 읽게 될 것입니다. 물론 그 책이 수학 교과서라도 좋습니다.

지각 대책의
출발점

교사가 된 직후 아침독서를 고민하기 이전에 먼저 '지각' 문제를 해결하기 위한 교육적 지도법에 대해서 고민한 적이 있습니다. 기본적인 생각은 참으로 평범한 것이었지요. 지각은 매우 일상적인 것이기 때문에 그 해결책도 아주 일상적인 것이어야 한다는 것입니다. 흥미로운 것은, 그때 제가 고안하고 실천한 지각 대책이 이후에 나온 아침독서의 실천 방법과 참으로 비슷하다는 사실입니다.

어떤 일에 다른 사람보다 먼저 뛰어들면, 그 일을 주도할 수 있듯이 학생들이 지각하기 전에 먼저 대책을 수립해야 합니다. 지각한 이후의 학생들에게 어떤 조치를 하려고 하면 그것은 이미 말 그대로 '지각'이 됩니다. 그래서 우선 교사인 저부터 절대 지각하지 않도록 생활 습관을 바꾸었습니다. 저는 원래 초등학교 때부터 아침 일찍 일어나는 습관이 있었기 때문에 무척 다행이었습니다.

새벽 3시나 4시에는 반드시 일어나 공부하거나 가볍게 조깅을 하는 것이 몸에 배어 있었습니다. 교사가 된 뒤에도 아침에는 조깅을 한 뒤 식사를 했고, 곧바로 출근 준비를 한 뒤 버스와 전철로 학교에 갔습니다. 그러면 늦어도 아침 6시에는 학교에 도착하게 됩니다. 가장 이른 시간에 연습을 시작하는 클럽의 학생들보다도 저는 일찍 학교에 왔습니다. 그 후 수업이 시작되는 시간까지는 조용히 공부하는 시간을 가집니다. 그 당시 제가 늘 하던 고민은, 하루하루 교사 생활을 이어 가다 보니 잡무가 늘어 아침에 나만의 공부 시간을 가질 수 없게 됐다는 사실이었습니다. 그런 이유로 교사를 그만둘까 하는 생각도 여러 번 했습니다.

아침 시간을 어떻게 사용할까에 대해서 가장 중요하게 생각했던 것은, 제가 담임하는 반에서 가장 일찍 등교하는 아이보다 항상 더 일찍 교실에 들어가서 공부하거나, 그날 해야 할 일을 준비하는 것이었습니다. 그런데 아침 시간에 공부보다도 업무 준비에 더욱 치중하다 보니 자연히 공부(독서)를 미루게 되었고, 그러한 스스로의 반성이 나중에 '아침독서운동'에도 적잖은 영향을 미쳤습니다.

저는 교사가 되기 전, 출판사 편집부에서 일할 때부터 일 준비는 그 전날에 모두 완료하고 잠자는 습관이 있었습니다. 준비 시간이 부족해 덜 끝난 상태로 잠들어 버리면 꼭 다음 날 수업에 지장이 생겨, 때로는 밤새워 준비한 적도 있습니다. 그래서 되도록 일 준비는 전날까지 다 끝내고 아침 일찍 교실에 들어갔을 때에는 하고 싶은 공부를 여유롭게 할 수 있도록 노력했습니다. 하루의 시작이 여유롭고 알차면 정신 건강에도 더없이 좋다는 사실은 누구든지 체험을 통해 알 것입니다. 아침독서도 마찬가지입니다.

그리고 등교하는 학생들 한 명 한 명과 직접 인사를 나누고, 함께 수다도 떨고, 요즘 하는 고민도 나누곤 합니다. 아침 시간에 갖는 이 정도의 행동만으로 많은 것을 얻을 수 있다는 사실을 저는 신입 교사 시절에 절감했습니다.

먼저 다가가서 "○○야! 안녕!" 하고 모든 학생들에게 아침 인사를 건넵니다. "○○"라고 이름을 직접 불러 주는 것이 중요합니다. 제가 먼저 학생 이름을 부르는 것은, 그 자체로서 이미 출석 확인 절차나 마찬가지입니다. 하지만 그것은 보통의 딱딱한 출석부 호명과 달리 학생들의 마음을 열게 하는 하나의 수단이 됩니다. 이것도 먼저 선수 칠 때 효과가 좋은 방법이라 할 수 있습니다.

처음에는 인사를 해도 수줍어서 그런지 한마디 대답도 못하는 학생들이 있습니다. 하지만 매일매일 인사를 반복하다 보면 "네?" 하고 의문형으로 답하게 되고, 좀 더 익숙해지면 "네!" 하고 적극적으로 대답합니다. 또 더욱 친숙해지면 "네에~!" 하고 길게 대답하게 되지요. 뿐만 아닙니다. 학생이 먼저 "안녕하세요!", "선생님은 왜 매일 아침 교실에 계세요?", "선생님, 안녕하세요?" 등등 여러 표현으로 말을 걸어 오기도 합니다. 그러다가 "저기요, 선생님, 오늘 아침에……" 하는 식으로 수다를 떠는 학생도 있고, "선생님! 이거 숙제인데, 좀 가르쳐 주실 수 있어요?" 하며 학습지도를 받으려는 학생까지 나타납니다. 그러면 옆에 있던 친구들마저 "선생님, 저도요!", "저도 잘 모르는 게 있는데 가르쳐 주세요!" 하면서 교실 전체가 공부하는 분위기로 바뀝니다.

이럴 때 저는 문제를 이해하는 학생을 함께 세워 놓고 설명하도록 합니다. 아직 문제 해결을 충분히 이해하지 못한 학생이 있으면 질문하도록 하고, 그 질문을 이해한 학생이 설명해 보도록 기회를 줍니다. 이런 식으로 모든 학생들이 이해할 때까지 '저의 수업 시간'은 계속됩니다. 숙제의 정답만 들으면 그만이라고 생각했던 학생들까지 어느새 그 수업 시간에 몰두하여 모두가 다 함께 배우는 것을 즐기면서 이해해 가는 기쁨을 경험하게 됩니다. 또 이 시간은 내 담당 과목 이외의 다른 교과를 많이 다루기 때문에 우리 반 아이들이 다른 과목에 대해서 어떤 상태인지도 알 수 있습니다. 여러모로 많은 참고가 많이 되는 귀한 시간이 아닐 수 없습니다.

앞서 소개한 내용은 지각 대책에 대한 출발점이었습니다. 우선 학교 안의 일상생활 공간이라 할 수 있는 '교실' 자체를 모든 학생이 즐기는 공간으로 만들어 가는 노력이 필요합니다. 그런데 이것을 이뤄내고자 할 때, 아침독서가 큰 역할을 한다는 사실을 다시 강조하고 싶습니다.

특히 초등학생들에게서 많이 듣는 "아침독서 시간이 있어서 학교 가는 게 신이 난다"라는 소감이 그것입니다. 즐거운 학교, 공부하고 싶은 의욕이 생기는 학교라면, 지각은커녕 오히려 일찍 학교에 가고 싶어집니다. 다음 날 소풍이 기대되어 잠을 설치고서도 아침이 되면 일찍 일어나 학교에 부리나케 달려가는 초등학교 시절의 추억이 떠오릅니다.

지각의 원인에는 크게 두 가지가 있습니다. 첫 번째는 몸이 아프다든가 늦잠을 잤다는 등의 건강상 혹은 가정생활상의 문제가 원인입니다. 두 번째는 어떤 이유로 인해 학교에 가고 싶지 않다는 정신적, 혹은 인간관계의 문제가 원인입니다. 제가 실시한 지각 대책은 두 번째 원인을 없애기 위해 학생들이 생활하는 '교실'을 즐거운 공간으로 만들려는 시도였습니다. 전자에 대해서는 각각 구체적인 원인의 유형에 따라 대처 방법이 달라집니다. 몸이 아프다면 우선 치료를 해야 하고, 가정생활상의 문제라면 그것을 먼저 제거해야 합니다. 이를 위한 하나의 방법으로 제가 교사가 된 지 5년째 되던 해에 시행했던 '나의 역사' 쓰기를 다시 말씀드립니다. '나의 역사'를 찬찬히 써 가면 자신의 몸과 마음의 상태를 돌아보게 됩니다. 또한 자신의 생활습관이나 가정에서의 여러 고민들에 대해서도 자신의 언어로 차분하게 정리해 가면 깊은 자각과 성찰의 기회를 얻게 됩니다. 결국 '나의 역사' 쓰기의 의도는 스스로의 노력을 통해 여러 문제들을 극복할 수 있는 길을 찾아보는 데 있습니다. 물론 이러한 시도는 학생과 교사 사이의 공동 작업으로 평소의 일상 속에 뿌리 깊게 자리 잡아 나가야 합니다.

여학교에 근무했던 저의 경험에 비춰 볼 때, 보건실 이용이나 양호교사와의 협력이 매우 중요하다는 것도 여기에 추가해야 할 것 같습니다. 그 후에 남학교로 옮긴 뒤에 오히려 남학교가 이 문제에 있어서 더욱 심각하다는 사실을 알게 되었습니다.

교사가 먼저
시간을 지켜라

아침독서는 매일 아침 10분간 학생과 교사 모두가 함께 책을 읽는 시간입니다. 매일 아침 하는 것은, 마치 매일 밥을 먹는 것처럼 독서도 자연스럽게 생활 속에 녹아 들어가도록 하려는 목적인 것입니다. 대부분의 교사들이 겨우 10분 하는데 무슨 의미가 있겠느냐고 생각하지만, 10분이 가지는 큰 의미에 대해서 모르고 하는 얘기입니다.

듣기 불편하고 귀찮을 수도 있겠지만, 교사부터 시간을 잘 지키는 것이 무엇보다 중요한 교육적 자세라는 사실을 기억해야 할 것입니다. '시간 엄수'의 중요성에 대해서는 앞서 서드베리 밸리 학교의 경우에서 이미 잘 소개해 드린 바 있습니다.

그런데 제가 아는 한 일본의 학교들은 초·중·고등학교 모두 학생들보다 교사가 시간을 지키는 기본자세가 부족합니다. 게다가 시간약속을 어기는 교사의 행위가 교육상 정말 안 좋은 영향을 미친다는 것에 대해 최소한의 자각조차 없다는 사실입니다. 이것이 바로 아침독서에서 가장 중요하게 요구하는 교사들의 자기변혁에 대한 의지입니다.

아직까지도 거의 모든 학교에서 수업종이 울리고 나서야 교무실 책상에서 일어나 교실로 향하는 교사가 많습니다. 저는 누가 뭐래도 수업 종소리는 교실에서 수업을 시작하는 신호라고 생각합니다. 그런 의미에서 아침독서는 10분밖에 안 되는 짧은 시간이므로 조금만 늦게 들어가도 곧 책을 읽을 시간이 없어져 버립니다. 그런데도 매일 아침 5분 정도 늦게 들어가는 교사들이 있습니다. 그런 교사가 담임하는 반에서는 시간이 지나면 학생들의 잡담이 많아지고 그나마 독서에 집중하려던 학생들도 책에 몰입할 수가 없게 됩니다.

아침독서 시간에 교사가 시간을 엄수하는 것과 그렇지 않는 것에 따라 학생들의 집중력에 큰 차이가 드러납니다. 이러한 점을 직시함으로써 교사들은 자기 수업의 집중력을 높이기 위해서라도 종이 울림과 동시에 교실 안에서 수업을 시작하면 좋겠습니다. 제가 중고교생이었던 시절의 선생님들은 대부분 그렇게 시간을 엄수했습니다.

지금까지 학교를 학생들의 공동체적 일상 공간으로 바라봄으로써 지각을 막을 수 있다는 말씀을 드렸습니다. 그러면 그것을 실현하기 위한 저의 구체적 방법들에 대해서 살펴볼까 합니다. 누구든지 적용할 수 있는 방법이니 꼭 참고해 주시기 바랍니다.

학급당번의 활용

일본의 모든 학교가 학급당번 제도를 운영하고 있습니다. 우리 학교에도 두 명의 학생이 짝을 지어 담당한 날에 학급활동을 하고, 친구들의 학습활동이 순조롭게 진행되도록 돕는 역할을 맡습니다. 이 것은 매우 중요한 활동입니다.

우리 학교의 경우, 당번에게 무엇을 시킬지에 대한 것은 거의 담임교사의 재량에 달렸습니다. 그래서 모든 반이 똑같이 해야 하는 당번일지를 적는 것 이외에는 아무것도 시키지 않는 교사도 있었습니다. 저는 학생 한 명 한 명이 리더십을 갖도록 돕기 위해 이 제도를 활용했습니다. 매일 반 전체와 관련된 일들에 대한 모든 것을 그날 당번 두 명에게 맡겼습니다.

무엇보다도 당번은 아침에 늦어도 수업시작 15분 전까지는 등교해야 합니다. 저는 당번보다 1시간 정도 일찍 와서 교실에서 업무 준비를 하거나 홀로 학생들을 맞이하며 인사하거나 했습니다. 출석부와 학급일지는 그날 수업 준비를 마친 제가 들고 있습니다. 교사회의가 수업 시작 10분 전에 시작되므로 당번 두 명이 모두 15분 전에 맞춰서 오면 그들에게 알려 주어야 할 사항을 전달할 시간적 여유가 3~4분밖에 없습니다. 학생들은 익숙해지면 요령이 생겨 충분히 선생님과 상의하기 위해서 일부러 15분보다 훨씬 더 일찍 등교하게 됩니다.

상의할 내용은 주로 두 가지입니다. 하나는 그날의 학급활동 확인입니다. 자세한 것은 교사인 제가 매일 일지에 미리 적어 놓은 내용을 보면서 학생들에게 설명해 줍니다. 그날 학급활동은 예정대로 이루어지므로 매우 중요한 사항입니다. 당번은 아침독서 후에 그날 학급활동 예정을 학생들에게 철저하게 알려 주고 필요한 지시사항을 전달하는 역할을 수행합니다.

또 하나는 출석 확인입니다. 확인하는 시간은 절반 이상의 학생들이 등교한 상태에서 이루어지므로 어려운 일은 아닙니다. 하지만 무엇보다 중요한 것은 담임교사가 중요하게 생각하는 이 업무를 학생들이 대신 맡아 하게 되었다는 자각을 갖도록 하는 것입니다. 학생 스스로가 그 일을 직접 해봄으로써 처음으로 그 입장에서 교실 전체를 파악하는 눈이 생깁니다.

당번은 등교한 친구들에게 "○○, 안녕?"이라고 인사를 합니다. 급우들끼리 더욱 친밀해지면 등교하며 교실로 들어서는 학생이 먼저 당번에게 "○○, 안녕?" 하고 인사합니다. 그때는 물론 당번도 반드시 "○○, 안녕?" 하고 대답해 주어야 합니다. 가능하면 먼저 교실에 앉아 있는 학생들이 교실에 들어오는 친구에게 인사를 하기로 했습니다. 학생들은 서로 인사를 나누는 것이 그날 공동생활을 바르게 시작하는 것임을 스스로 알게 되고, 그것은 비로소 하나의 문화로 정착되어 갑니다. 우리 반에서는 모두 다 함께 '일어서! 경례! 앉아!'와 같은 집단 인사는 아예 없습니다. 필요가 없기 때문입니다.

적어도 이 두 가지 사항을 서로 확인한 뒤 저는 서둘러 아침 교사회의에 참석하러 갑니다. 아침독서가 시작된 이후부터는 교사회의에 지각하는 선생님도 거의 없어졌고, 회의도 10분 이내에 꼭 끝낼 수 있도록 합니다. 필요하면 프린트를 준비해 놓고 담당자가 미리 나누어 주든지, 설명과 연락사항은 급한 것 위주로 한다든지 하여 조금이라도 회의 내용을 줄이도록 노력합니다. 하고자 하는 의지만 있다면 모두 가능한 일입니다.

교사회의가 끝나면 모든 선생님은 교실로 돌아갑니다. 저는 계단도 두 칸씩 뛰어 올라갈 정도로 단 1초라도 빨리 교실에 들어가기 위해 애썼습니다. 제가 교실에 들어갈 때쯤이면(종은 아직 울리지 않은 때), 우리 반 학생들은 이미 다 함께 아침독서를 시작하고 있습니다. 출석확인도 모두 끝낸 상태입니다. 다른 반과 다른 점은 그날의 당번이 교실 앞에 있는 의자에 앉아 독서하는 것입니다. 저는 그때 비어 있는 당번 두 명의 자리에 공평히 5분씩 나누어 앉아 책을 읽습니다.

솔직히 말하면, 거의 책을 읽지 못하는 상태가 되고 맙니다. 교실 분위기를 느낄 수 있는 기회가 별로 없기 때문에 저는 두 명의 당번 자리에서 그 풍경을 즐기게 됩니다. 모든 학생이 당번을 한 번씩 돌아가며 맡는 동안 저는 교실 여행을 다니듯 교실 전체를 한 바퀴 도는 셈입니다. 그러면 평소에는 안 보이던 학생들의 여러 모습들을 볼 수 있어서 많은 도움과 참고가 됩니다.

'따뜻하게 받아들인다'는
방법

아침독서를 실시한 전국의 학교 가운데 여러 노력을 기울이는 학교들이 있습니다. 그런데 중고등학교에서는 지각한 학생이 아침독서를 하는 중간에 교실에 못 들어가게 하는 학교가 많은 편입니다. 별도로 마련한 다른 교실에서 읽게 한다든지, 복도에 세워 놓고 책을 읽게 한다든지, 여러 구체적인 방법들이 있는데도 결국 많은 선생님들은 야단을 치는 방식으로 처리해 버린다는 공통점이 있습니다. 그렇게 하면 결국 학생들은 지각하게 될 경우, 아예 아침독서 시간이 다 끝난 뒤에 등교하는 게 낫겠다는 생각을 하게 됩니다. 물론 그런 방법으로 지각하는 학생들이 줄어든다면야 할 수 없지만 말입니다.

아침독서 시간에 조용한 분위기를 어지럽히는 것을 허락할 수 없다는 교사의 마음은 충분히 이해할 수 있습니다. 하지만 지각한 학생을 특별하게 취급하는 것에 대해서 저는 반대합니다. 지각해도 교실에 들어가게 하고 다른 학생들과 함께 책을 읽도록 해야 합니다. 이 방법이야말로 아이들이 효과적으로 공동체 생활에 익숙해지도록 돕는 것이라고 생각합니다. 다른 학생들이 모두 조용히 책을 읽고 있기 때문에 지각한 학생은 당연히 문을 조용하게 열고, 될 수 있는 한 소리를 내지 않도록 움직입니다. 평소에 시끄러운 학생에게도 그러한 지각 경험은 오히려 조용히 남을 배려하는 훈련이자 연습시간이 됩니다. 공동체 생활 속에서 임기응변으로 그 상황에 맞는 행동을 취할 수 있도록 이끄는 것이 중요합니다.

그리고 우리 반에서는 다음과 같은 아이디어가 가미되어 있습니다. 그것은 지각한 학생에게는 지각할 수밖에 없었던 이유가 있기 때문에 일상적인 공동체 생활에서 오히려 평소보다도 더욱 따뜻하게 받아들여 주어야 한다는 배려를 배우는 것입니다. 이것은 비단 아침독서뿐 아니라 다른 모든 경우에 해당되는 이야기입니다.

앞서 말한 바와 같이 우리 반에서는 서로 인사하는 일을 중요시합니다. 사람과 사람의 만남, 즉 인간관계의 시작은 인사로부터 시작됩니다. 그것도 따뜻한 마음이 담겨 있는, 배려를 느낄 수 있는 인사를 하는 것이 일상생활 속에서 특히 중요합니다.

지각한 학생이 어떤 행동을 하느냐보다 다른 학생들이 지각한 학생을 어떻게 받아들이느냐가 더욱 중요한 것입니다. 인사를 소중하게 생각하는 일, 즉 서로가 서로를 소중히 여긴다는 사실을 밖으로 표현하는 일은 우리 반에서 다음과 같이 이루어집니다.

지각한 학생은 교실에 들어가자마자 먼저 마음을 담아 "안녕하세요?" 하고 조용한 분위기에 맞는 목소리 톤으로 인사를 합니다. 이에 대해서 학생들은 각각 마땅한 인사로 대답합니다. "안녕!" "○○, 안녕?"이라고 조용한 목소리로 대답하는 학생들도 있습니다. 눈은 책을 향한 채 손을 흔들어 표현하는 학생도 있습니다. 반대로 눈을 잠시 떼서 지각한 학생과 미소로 눈을 맞춰 인사하는 친구도 있습니다. 저는 일상생활 속에서 이러한 행동 방식들이 매우 중요하다고 생각합니다.

자신이 책을 읽고 있을 때, 누군가 "안녕하세요?" 하고 말을 걸면 어떻게 해야 할까요? 묵묵히 책만 읽으면서 인사를 무시해야 할까요? 아니면 고개를 들고 상대방 눈을 쳐다보며 "네, 안녕하세요?" 하고 대답해야 할까요? 어느 반응이 옳은가에 대해서 사람마다 생각의 차이가 있겠지만, 올바른 일상적인 인간관계를 떠올린다면 답은 스스로의 마음속에 정해져 있을 것입니다.

"안녕?" 하고 대답한 뒤 계속 책을 읽을 수도 있을 것이며, 읽는 것을 그만두고 대화를 나누기 시작하는 경우도 있을 것입니다. 저는 책을 계속 읽는 것보다는 말을 걸어 준 사람에게 작은 반응이라도 보이며 소통하는 것이 훨씬 낫다고 생각합니다.

아침독서도 마찬가지입니다. 다 함께 조용히 책을 읽는 일은 물론 중요합니다. 하지만 그 일을 잠시 중단하더라도 학생들의 마음과 마음이 따뜻하게 통하는 것이 더욱 중요한 가치를 지닙니다. 관계가 상실된 독서보다도 관계를 소중히 하는 독서의 '잠시 중단'이 비교할 수 없을 만큼 큰 의미를 지니기 때문입니다.

지각한 학생들에 대한
교육적 지도란?

우리 반에서는 한 학생이 평소에 등교하는 시간에 나타나지 않으면, 누군가(친한 친구, 같은 조 친구, 반장 혹은 당번)가 바로 등교하지 않는 이유를 알아보아야 합니다. 물론 제가 지각한 이유를 다 아는 경우도 있습니다. 이때에는 학급일지에 적어 놓으므로 누구든지 일지를 보면 알 수 있게 되어 있습니다.

친구가 지각을 하면, 일반적으로 학교 전화기를 통해 지각한 친구의 집에 직접 전화를 걸어 물어봅니다. 다른 반에 있는 친한 친구를 찾아가 물어보기도 합니다. 이렇게 모든 학생이 지각한 친구에게 관심을 갖고 지혜롭게 한 친구의 행방을 조사함으로써 공동체 의식을 높일 수 있습니다. 시간이 흐르자 지각하는 학생 스스로가 학교에 연락해서 지각한 이유를 보고하거나, 가족들이 학생이 지각하게 될 것 같다고 미리 연락해 주는 긍정적인 현상도 일어났습니다.

지각에 대해 어떻게 바라보느냐, 즉 시점의 차이에 따라 지도 방법에 큰 차이를 보이게 됩니다. 교육과 학습, 이 모두가 생활의 일부라는 확고한 인식만 있다면 한 학생이 평소에 등교하는 시간에 안 나타났을 경우, 분명 그것은 비일상적인 무엇인가가 있다는 것이 자명합니다. 더욱이 고등학생이라면 거의 모든 학생이 공공 교통수단을 이용하여 정해진 시각에 등교하는 게 당연하므로, 나타나지 않을 경우, 그것은 일상을 벗어난 뭔가 사건(혹은 사태)이 일어났을 가능성이 있습니다.

수업 종소리가 울렸을 때, 아직 등교하지 않았으니 바로 지각 처리를 해 버리는 것은 교사가 말 그대로 교육적 지각 지도에 '지각'한 일이라고 저는 봅니다. 지금까지 이어지는 고정관념을 이제는 타파해야 합니다.

저와 같이 학급의 모든 학생을 한 명씩 교실에서 맞이하고, 등교 시간에 안 나타나는 학생에 대해서 반 친구들이 어떠한 방법을 통해서든 그 이유를 알아보는 작업을 전국의 선생님들이 시도해 주셨으면 좋겠습니다. 그렇게 하면 모든 학교에서 적어도 특별한 사고가 발생한 경우는 빼고 지각이 완전히 사라질 수 있을 거라 믿습니다.

무엇보다도 전국의 모든 학교에서 매일같이 나타나는 교사의 지각 문제를 개선해 나갈 필요가 있습니다. 아침독서는 물론, 다른 수업이나 학교 행사 때에도 시작종이 울린 뒤에서야 천천히 교무실 책상에서 일어나 발길을 교실로 향하는 안 좋은 버릇은 그만 떨쳐 버려야 합니다. 종소리를 듣고서야 교과서와 자료를 허겁지겁 준비하기 시작하는 것도 말이 안 됩니다. 또한 교실에 가는 중간에 화장실에 들러 시간을 지체하는 것도 좋지 않습니다. 이런 일은 개개인의 생활 습관 문제이기 때문에 교사 한 사람 한 사람이 확실히 자각하고 성실히 실천해 간다면 곧바로 개선해 나갈 수 있는 문제입니다.

아침독서를 함으로써 학생과 교사의 지각 문제가 해결된다면, 좀 늦은 일이지만 다행스러운 일입니다. 수업 시작 전에 먼저 교사가 준비되어 있는 것이 얼마나 중요한 것인지 모릅니다. 그런데 그것이 아침독서의 성공과 직접적으로 연결되어 있음을 몸소 체험한다면, 그러한 원리를 수업 중에도 실행해 보겠다는 의욕과 희망이 분명 생겨날 것입니다. 아침독서는 교육의 실질적 책임자이자 담당자인 교사에 대하여 그러한 근본 자세의 혁신을 가져올 실천 방법입니다.

"겨우 지각 정도 가지고……"라면서 이 문제를 가볍게 여기면 안 됩니다. 물론 지각이란 누구든지 경험하고 일상적으로 발생하는 흔한 일입니다. 하지만 그렇기 때문에 더욱 중요합니다. 일상생활 전체가 결국은 '교육'이고 '학습'이라는 신념을 가진 제가 더욱 강조하고 싶은 것은, '지각'이라는 행위 자체만을 문제 삼을 게 아니라 자주 반복되는 지각을 바로잡기 위해 어떤 교육과 학습을 아이들에게 시켜야 하느냐는 것을 고민해야 한다는 것입니다. 그에 대한 답은 바로 "지각은 누구나 할 수 있다"라는 교육과 학습입니다. 제 주위에는 그것이외에 딱히 교육과 학습이라고 말할 만한 것이 거의 없었습니다. 제 자신이 "교사가 지각하면 안 된다"는 의식을 갖게 된 것은 중고교 시절의 은사님들에게서 배운 것입니다. 그분들이 학교에서 보여 준 일상생활은 그 자체로서 가르침(교육)이었고 학습 모델이었습니다.

지각을 방지하기 위한
'교과 담당자' 제도

제가 교사가 된 뒤 시행한 일을 또 한 가지 소개하고 싶습니다. 이 방법은 그 효과가 즉각적이기 때문에 모두들 실천해 보시길 권합니다. 꼭 한번 고민해 볼 만한 방법입니다.

우리 학교에는 각 반마다 학생이 교과 담당을 맡습니다. 각 과목마다 두 명씩 맡게 되는데 교과에 따라 아무 일을 시키지 않는 경우도 있습니다. 아마도 그런 교사가 더 많았던 것 같습니다. 담임교사도 그에 대해 거의 참견하지 않았습니다. 교과 담당이라는 역할을 통해서 그 담당 학생들에게 무언가를 학습시키려는 의도 자체가 없습니다. 오히려 아무 일을 시키지 않는 것을 학생들이 좋아한다고 믿는 교사들이 많기 때문에 매우 실망스러울 뿐입니다. 어찌 보면 학생들의 생각이 교사들보다도 낫습니다.

학생들은 그런 성의 없는 교사들을 보면서 마음속으로 경멸하며 깔보기까지 합니다. 그러한 교사의 수업에는 진지하게 귀 기울이려고 하지 않습니다. 더욱 안타까운 것은, 그런 경우 아이들이 '게으름'으로 반항한다는 점입니다. 그것이 자신에게 손해가 되는데도 말입니다. 이런 경우가 바로 제가 나설 순간입니다.

우리 반에서는 교사가 지각하지 않도록 선수를 칩니다. 교과 담당자가 수업 시작 전에 있는 쉬는 시간에 그 과목 선생님을 모셔옵니다. "그럴 필요 없다" 하면서 불만을 내뱉는 교사도 물론 있습니다. 하지만 그런 교사일수록 자주 수업 시간에 지각합니다. 불만이 있는 경우에는 교과 담당자가 "저희 반의 규칙이니까 불만이 있으시면 저희 담임 선생님께 말씀해 주세요!" 하고 확실하게 전하라고 지도합니다. "그렇지 않아도 우리는 비싼 등록금을 내고 배우는데, 선생님께서 지각하시면 그 돈을 돌려주셔야 해요!"라고 말해도 좋다고 지도했지만, 이런 말을 하는 학생은 역시 10명 중 1명 정도에 불과합니다. 왜 그럴까요? 그것은 선생님이 어떻게 나올지 두렵기 때문입니다. 여기서는 다루지 않았지만 교사가 학생을 괴롭히는 일은 자주 있습니다.

아무튼 교과 담당자에게 이런 일을 시키는 데는 두 가지 이유가 있습니다. 하나는 '반(학급)'이라는 공동체 생활 속에서 학생이 주체적으로 학급을 만들어 간다는 자각과 만족감을 주기 위해서입니다. 일을 시키면 시킬수록 학생들은 생기발랄해집니다. 앞서 소개한 학급당번은 한 달에 한 번 정도밖에 하지 않지만, 교과 담당자는 적어도 일주일에 1~2번, 많으면 매일같이 일을 해야 합니다. 학교생활에서 자신에게 부여된 일을 반복 수행함으로써 학생은 자신의 자리를 찾고, 행동력을 키워 갑니다.

또 하나는 학생들에게 시간엄수의 중요성을 몸소 익히도록 하기 위해서입니다. 이것은 이치나 말로 다 표현할 수 없습니다. 실제로 본인이 반복해서 행동함으로써 직접 익히게 되는 것입니다. 과목 교사를 일부러 시간 내에 모셔 오려면 학생들도 수업을 위한 상당한 준비가 필요합니다. 당연히 교과 담당자는 교사를 불러오기만 하면 되는 게 아니라 학급 친구들에게 수업 준비를 성실하게 해놓으라고 지시해야 합니다. 실제로 그러한 과정을 통해 교과 과목의 수업 준비를 제대로 할 수 있습니다.

교사만의 힘으로는 변화시킬 수 없는 현실적 문제들이 학교에는 참으로 많습니다. 하지만 학생들의 힘으로 교사들의 현실은 물론 학교의 현실도 변화시킬 수 있다는 진실을 모두 깨달았으면 좋겠습니다.

사실, 서드베리 밸리 학교를 모델로 하여 교사와 학생들 모두가 스스로 지각하지 않는 학교를 만들어 가는 것이 최고의 꿈입니다. 이것이 아직도 이루어지기 힘든, 말 그대로 '꿈'에 불과할지 모릅니다. 그래도 아침독서를 놓을 수는 없습니다. 아침독서 시간에 읽고 싶은 책을 읽을 수 있다는 것만으로도 자발적인 등교로 이어져 지각하지 않게 된다는 점에서, 아침독서는 지각 문제를 본질적으로 해결할 수 있는 가능성을 보여 줍니다.

아침독서에
무엇을 요구할까?

강연회장에서 자주 받는 질문이 있습니다. "아침독서에 무엇을 요구할까?"라는 질문입니다. 왜 제가 강연할 때마다 이런 질문이 나올까요? 아마도 아무 맥락도 없고 계획도 없이, 아침독서에는 여러 목적이 있으며, 여러 효과가 있다는 것을 지나치게 강조했기 때문이겠지요. 특히 제 이야기는, 아무래도 학생 지도가 강조되는 내용이 많습니다. 그것이 이 빈번한 질문의 원인 중 하나라고 생각합니다.

아침독서로 불리는 것에서 알 수 있는 것처럼, 이 운동은 매일 아침 학생들에게 책을 읽게 하는 '실천'입니다. 따라서 이 운동을 처음 알게 된 선생님들 대부분은 여러 독서 지도 방법 가운데 하나의 방법일 뿐이라고 여깁니다.

사실 이 점은, 제가 근무했던 학교에서 한 걸음 밖으로 나왔을 때부터 시작된 귀찮은 문제였습니다. 이 점에 관해 저는 『아침독서가 기적을 일으키다』의 발행 후 처음으로 의뢰받은 잡지의 칼럼에 글을 기고했습니다. 타이슈우칸 서점의 월간 소책자 『국어교실』 제51호(1994년 2월호)에 '기적은 무엇으로부터 일어났을까?'라는 제목의 짧은 글입니다. 이 글을 쓰며 '어떻게 하면 나의 진심을 전할 수 있을까?' 하고 마음 졸였던 기억이 납니다.

책을 출간한 직후였기 때문에 한 권이라도 더 많이 팔리면 좋겠다는 바람으로, 저의 직함도 '고등학교 교사'가 아닌 '후나바시 학원 독서교육연구회 대표'로 밝혔습니다. 하지만 이것은 첫 번째 큰 실수였습니다. 게다가 부제목도 "진정한 '독서 교육'의 시작"이라고 했는데, 그것은 두 번째 실수였습니다. 이처럼 바보 같은 짓을 한 탓에 독자들이(학교 현장과는 거리를 둔) 단순히 '독서 교육 연구자'의 실천 지침이라고 받아들여도 어쩔 수가 없었습니다.

사람들에게 뭔가를 제대로 전한다는 것이 참으로 어려운 일이라는 사실을 그제야 절감했습니다. 13년 전, 『국어교실』에 기고한 글입니다.

■ '살아가는 힘을 주고 싶다'라는 생각으로부터

이 글에서는 지금 독서 교육을 하는 사람이 절대로 포기하거나 실패하지 않도록 하기 위해 무엇이 가장 중요한가를 살펴보고자 합니다. 우리는 '독서 지도를 하자'라는 차원의 운동을 펼친 것이 아니었습니다. 지금 자신의 눈앞에서 힘들게 생활하는 학생들에게 살아가는 힘을 주고 싶었습니다(그 당시엔 여전히 문부성과 그 밖의 단체에서조차 '살아가는 힘'이란 용어를 사용하지 않았습니다). '책을 읽히고 싶다'는 생각을 한 것도 아닙니다. 살아가는 힘을 주는 많은 방법들 가운데 하나가 바로 '책을 읽게 하는 일'이라는 소박한 발상에서 나온 것이었습니다(사실 저와 동지들은 책 읽기보다 학생들에게 가라테나 소림사 권법 혹은 태극권 같은 것을 지도하려고 상담 중이었습니다. 덧붙여서 제 자신은 6년 넘게 투병 생활을 거친 뒤, 지금은 하루에 세 번 라디오 체조를 하고, 하루에 두 번 자강술을 하고 있습니다. 책을 읽지 않는 날보다 라디오 체조나 자강술을 하지 않는 날이 훨씬 적은 것이 사실입니다).

　살아가는 힘을 주려 한다는 점은 정말 중요합니다. 그것은 이 실천의 출발점인 동시에 성공과 실패 사이의 분기점이기도 합니다. 우리는 학교 공부를 시키는 것, 학력을 향상하는 것, 성적이 좋아지는 것 등을 어디까지나 학생들이 '살아가는 힘'을 몸에 익힐 수 있도록 하는 여러 방법들 가운데 하나에 불과하다고 파악합니다. 우리는 학교 공부를 학생들에게 시키기 위해, 또 학력을 향상시키기 위해, 성적을 올리기 위해, 책을 읽도록 한 것은 아닙니다. 그런 것들은 결과적으로 따라오는 것일 뿐이기 때문입니다.

　이 실천 방법의 성공과 실패의 갈림길은 단 하나이며, 바로 이 점이 그 기로인 것입니다. 무조건 책을 읽게만 하는 교사의 학급에서는 독서 활동이 결코 활발하게 살아나지 못합니다. 우리 학교에서는 적어도 그렇습니다. 성공은커녕 학생이 책을 들여다보지도 않습니다. 왜냐하면 그러한 교사는 학생들을 위해서 어떤 일도 하지 않기 때문입니다.

　학생들에게 '살아가는 힘'을 키워 주고 싶은 교사는, 눈앞의 학생들이 안고 있는 고민이나 괴로움에 대해 온갖 방법을 다 써서 힘껏 도우려고 합니다. 학생들은 마치 자기 일처럼(경우에 따라서는 부모 이상으로) 걱정해 주는 교사가 독서를 권할 때에는 '읽는 척'만이라도 하게 됩니다. 그리고 이 방법의 대단한 점, 그 '읽는 척'하는 것 자체가 서서히 '실제'가 되고, 또 그 실제가 진지함으로 발전하여, 마침내 진지함이 책을 진심으로 좋아하는 마음을 반드시 이끌어 낸다는 것입니다. 마치 자연스러운 하나의 과정처럼 진행되는 것이 아침독서의 강점입니다.

책이 지닌 힘, 그 자체의 위대함이라 할 수 있습니다.

아침독서 실천의 출발점이 되는 '읽는 척'하는 것조차 제대로 못 시키는 교사가 많이 있다는 사실을 현실적으로 인정할 수밖에 없습니다. 또한 눈앞에 있는 학생들의 고민을 들어주는 것도 버거운 상태에서, 진정한 독서교육은 시작조차 할 수 없다는 볼멘소리도 나올 만합니다.

교사란 교육에 종사하는 사람들이고, 교육이란 학생들이 보다 잘 살 수 있도록 도와주는 것이며, 결코 그 이외의 어떤 것도 아니라는 자명한 이치를 잊고 있는 것은 아닐까요?

실천자의 의지와 행동이 성과를 낳다

지금껏 저는 그 실천의 출발 단계부터 적어도 아침독서는 단순한 독서 지도가 아니라는 것을 역설해 왔고, 아이들이 책을 읽게 되어 책과 독서를 좋아하게 되면 그것만으로도 충분하다고 늘 호소해 왔습니다. 그럼에도 "도대체 아침독서에 무엇을 요구하는가?"라는 질문이 나오게 되는 것은 어쩌면 당연한 일입니다. 그 책임은 모두 제게 있습니다.

우선 제 자신부터 그러한 논의에 대한 깊은 성찰이 부족했습니다. 게다가 그것이 필요 불가결한 생산적인 질문이라고 생각하지 않았습니다. 저는 아침독서를 하루라도 빨리, 한 사람이라도 많이, 또 한 학교라도 많이 참여시켜 실현해 나가는 것만이 급선무라고 여겼습니다. 그 꿈의 완성을 위해 최선을 다하는 것만이 저에게 부여된 책임이라고 생각한 나머지 너무 앞만 보고 달려와 결국은 시간이 결정적으로 부족한 상태가 되고 말았습니다. 게다가 최근 6년 동안 병명도 알 수 없고 치료법도 없는 정체불명의 질병과 벌인 사투는 시간을 더욱 촉박하게 느끼도록 만들었습니다.

아침독서의 훌륭함은, 그것을 실천하는 사람의 여러 가지 요구에 따라 다양한 형태의 성과를 거두는 것이 가능하다는 점입니다. 따라서 앞의 질문에 대한 유일하고도 올바른 대답은 "아침독서에 무엇을 요구할까 하는 것은, 당신 자신이 결정하는 것입니다."라고 말할 수 있습니다.

3

백 번 말하는 것보다
한 번의 실천을

'한 사람이 한 사람을' 이끌어 내다

2004년 12월 8일 『요미우리신문』에는 "왜 '독해력'이 저하되었는가?"라는 제목으로 다음과 같은 사설이 실렸습니다. 그때 아침독서라는 말이 나오긴 했지만, 나름 아쉬움을 숨길 수가 없네요.

왜 독해력이 저하되었는가에 대해서 문부과학성은 아이들의 독서량이 줄어든 것, 자신의 의견을 말하거나 쓰는 수업이 부족한 것 등을 예로 들었다. 그리고 수업 개선을 위한 지도 자료를 시급하게 만들어 교육 현장에서 아침독서를 한층 더 확대해야 한다고 재촉했다. 아이들이 책을 좋아하게 만드는 것이 무엇보다 중요하다. (중략) 대학 입시의 대부분이 마크 시트(OMR)화 되어 있어 중학교와 고등학교에서는 거기에 맞춘 지도만 하고 있다. (중략) 일본의 학생들은 학교수업 외의 공부 시간이 주 6.5시간으로, OECD 평균인 8.9시간보다 무척 짧은 편이다. 숙제에 할애하는 시간도 주 3.8시간 정도로 주요 국가들 가운데 최저 수준이다.

활자를 접하면서 아이들은 사고한다. 하지만 그러한 시간이 절대적으로 부족하다는 사실이 독해력 저하와 관계가 있다. 일반 과목의 학업성취도에도 나쁜 영향을 미치는 것은 아닐까? 위기감을 가지고 임해야 할 문제이다.

여기서 언급된 아침독서는 우리 동료들의 노력으로 전국 초·중·고등학교 40,000개 학교 가운데 대략 25,000개 학교의 학생들에게 환영을 받았습니다. 게다가 아직도 실시하지 않는 학교의 교사들 가운데서도 초·중·고등학교를 불문하고 아침독서의 실현을 원하는 교사들이 셀 수 없을 정도로 확산되고 있습니다. 이제 몇 년 안에 전국의 학생들이 매일 아침 책을 읽게 되는 모습을 보는 것도 결코 꿈만은 아닐 것입니다.

하지만 한가롭게 기대만 하며 넋 놓고 있을 수는 없습니다. 매일같이 신문지상에서는, 아이들에 관한 여러 가지 문제가 다루어지고 있습니다. 학력 저하, 감정조절 장애, 집단 괴롭힘(이지메)의 증가, 살인이나 자살 사건에 이르기까지. 마치 정체 모를 폭풍우 속에 일본 전체가 깊이 침체되어 가는 것 같은 불안이 엄습해 오는 게 결코 저만의 걱정은 아닐 것입니다.

과연 아침독서만으로 학력 저하를 막을 수 있을까? 감정조절 장애, 집단 괴롭힘이 과연 줄어들 수 있을까? 청소년과 관련된 살인과 자살 사건은 없어질 수 있는 걸까?

저는 "아침독서라면 해결할 수 있다"라고 단언합니다. 지금 곧바로 "그 근거를 보여 달라"고 말하는 사람이 있을 수 있을 것입니다.

물론 지금은 제게 그럴 여유도 없고 충분히 준비되어 있지도 않지만, '백 번의 말보다 한 번의 실천'을 주장해 온 우리로서는 '먼저 실행해 보라'고 호소하고 싶습니다.

일반적으로 어른이나 아이나 모두 하루하루 생활에 쫓겨 '백 번의 말'조차 할 만한 여유가 없는 실정입니다. 교사들이 바로 그 전형이 아니겠습니까? 일선 교사들은 거의 모두가 '지금 하는' 일에 대한 구체적인 문제만을 서로 교환하는 일에만 몰두하고 있다고 해도 과언이 아닙니다. 그마저도 못할 만큼 잡무에 쫓기는 교사들이 얼마나 많은지 모릅니다.

그 현장 한가운데 있던 저는 아침독서를 통해 아이와 교사들이 자력으로 그러한 부정적 현상을 타파해 나가길 바랐습니다. 그래서 아침독서가 이런 답답한 상황을 조금이라도 개선시킨 사례를 확보하러 나섰습니다. 그 순수한 뜻과 결단이 묵묵히 실천에 옮겨졌고, 5년의 침묵을 깨고 『아침독서가 기적을 일으키다』라는 한 권의 책으로 세상에 나온 것입니다.

'백 번의 말보다 한 번의 실천'이 얼마나 중요할까 하는 문제가 이 책의 주요 주제입니다.

아직도 이 책을 읽지 않은 분들을 위해서(특히 아이가 있는 분이나 아이와 접하는 일을 하는 모든 분에게 필독을 권합니다), 책의 내용을 간단하게 요약하면 다음과 같습니다.

아침독서운동의 제창자인 저는, 학교의 모든 교사들로부터 이해와 찬성을 얻기 위해 백 번도 넘는 논의와 설득 과정을 이어 갔습니다. 하지만 높은 벽을 실감하며 포기하려고 했었지요. 그 순간, 묵묵히 아침독서를 실천하던 한 명의 교사를 만났습니다. 꺼져 가는 아침독서의 불씨를 살린 그는 바로 '아침독서추진협의회 이사장'으로서 전국 아침독서 추진 활동의 선두에 서 있는, 사립 토요우 고등학교의 오츠카 에미코 선생님입니다. 그의 용기 있는 결단과 실행이 없었다면, 이 세상에 아침독서는 존재하지 않았을지도 모릅니다.

오츠카 선생님이 말해 줄 때까지 저는 그 과감한 실천에 대해 전혀 몰랐습니다. 현장의 냉담한 반응을 체험했던 저는 오츠카 선생님의 노력이 보여 준 놀라운 변화에 고무되지 않을 수 없었습니다. 그의 과감한 아침독서 실천은 각 학급 학생들의 소감 발표로 이어졌습니다. 그 모습을 지켜본 모든 교사들, 심지어는 그때까지 아침독서를 반대하던 분들까지도 "좋아, 한번 해 보자!"라면서 한곳을 향해 결집해 나가기 시작했습니다. 이처럼 아침독서가 점점 구체화되어 갔습니다.

그때 전국 각지의 선생님들에게 주변에 있는 동료 교사 한 명이라도 더 아침독서운동에 참여시킬 수 있도록 노력하자고 호소했습니다. 한두 명이 일으킨 작은 물결이 큰 파도가 되듯, '나비 효과'와 같이 아침독서가 퍼져 가길 바랐던 것입니다.

'한 학교가 한 학교를'
목표로 삼자

그리고 10년 이상의 세월이 흐른 지금, 전국의 많은 선생님들이 노력한 덕분에 실시 학교의 수가 초·중·고등학교 전체의 약 절반을 훨씬 더 넘을 기세입니다. 그러나 그 구체적인 내용을 보면, 실제로 절반을 넘은 곳은 초등학교와 중학교이고, 아쉽게도 고등학교는 3분의 1 정도만 참여하는 실정입니다.

초등학교에서는 아침독서에 많은 참여율을 보이고 있지만, 중학교에 들어가면 더 이상 아침독서를 경험할 수 없게 되는 아이들이 생깁니다. 더욱이 중학교에서는 경험했지만, 고등학교에 들어가면서부터 할 수 없게 되는 아이들이 무려 70% 가깝게 생겨날 가능성이 큽니다. 실제로는 그렇게 단순한 계산으로 산정할 수 있는 게 아니라 해도 일본 아이들의 실태는 대략적인 짐작을 할 수 있게 합니다. 앞에서 인용한 『요미우리신문』의 사설에서 "왜 독해력이 저하되었는가?" 하고 신랄하게 문제 제기를 할 수밖에 없었던 이유가 바로 그것입니다.

저는 전국 각지에서 아침독서를 실천하는 바쁜 선생님들에게 호소하고 싶습니다. 아침독서야말로 업무에 쫓겨 너무나 바쁜 선생님들을 해방시키는 열쇠입니다. '한 사람이 한 사람을'이라는 구호에서 한 발 더 나아가 '한 학교가 한 학교를'이라는 목표를 덧붙여야 할 필요가 있습니다.

아침독서를 실천하는 전국 각지의 학교 선생님들, 특히 교장 선생님들은 '모두 읽어요' '날마다 읽어요' '좋아하는 책을 읽어요' '그냥 읽기만 해요'라는 4원칙을 지켜 아침독서를 실천하기만 하면 아이들이 어떻게 바뀌는지, 교사는 어떻게 바뀌는지, 학교는 어떻게 바뀌는지 눈으로 확인할 수 있었을 겁니다. 아침독서를 아직도 실천하지 않는 학교의 선생님들, 특히 교장 선생님들이 아침독서운동에 참여하는 데 앞장서 주시기를 간곡히 부탁드립니다.

만약 이러한 운동이 일정한 성과를 올린다면, 전국 모든 초등학교와 중학교가 참가하게 되고, 고등학교의 경우도 아직 참여하지 않은 많은 학교에서 아침독서를 진행할 수 있을 것입니다. "말하기는 쉽고, 행하기는 어렵다"는 것이 어쩌면 당연한 것입니다. 하지만 '말하는 사람'은 나밖에 없을 것이라고 생각하면, 당장 내일부터라도 "한 학교가 한 학교를 목표로 삼자!"라고 호소하며 다니고 싶습니다. '누구라도, 어디서든지, 언제라도 할 수 있다'라는 아침독서의 이상은 이제 겨우 실현 가능성을 확보하기 시작했기 때문입니다.

왜 '모든 학교'인가?

마지막으로, 왜 지금 일본 모든 초·중·고교에서 아침독서를 실시해야 하는가에 대해서 한 번 더 간단히 정리해 볼까 합니다. 이 주제에 대한 저의 입장을 대략 다음의 7가지 정도로 요약할 수 있습니다.

1) 정서적 안정

일반적으로 말하는 희로애락을 비롯해 기쁨, 분노, 슬픔, 즐거움 그리고 고민, 미움, 질투, 사랑스러움, 동경과 와신상담 같은 다양한 감정에 우리는 사시사철 몰입되어 살아갑니다. 그것이 우리 사람의 있는 그대로의 모습입니다. 아이들이라고 해서 결코 예외가 아닙니다. 아이들은 단지 미숙할 뿐이지, 감정적 동요에 어른보다도 더 큰 영향을 받을 수 있습니다. 그것을 조절할 수 있게 되려면 가능한 한 많은 감정적 체험을 실제로 겪으며 쌓아갈 수밖에 없습니다. 거기에는 독서를 통한 '지속적인 간접 체험'이 가장 좋은 도움을 줍니다.

2) 학력의 토대

이처럼 독서를 통해 얻을 수 있는 정서적 안정(감정적 동요 조절)은 사실상 모든 학력의 토대가 됩니다. 하지만 일상적인 학교 교육과정 중에서는 이 점이 쉽게 잊히는 경우가 많은 듯합니다. 그리고 한 가지 더, '언어 능력'의 획득이 기초학력의 토대라는 점이 경시되고 있습니다. 듣는 힘과 말하는 힘을 보충하는 데에도 독서는 빠뜨릴 수 없는 덕목입니다. 게다가 제대로 읽는 힘을 몸에 익히려면 일정 정도의 독서량이 필요합니다. 일본의 학교 교육에서는 결정적으로 '절대 독서량'이 부족합니다. 아침독서는 그 부족분을 보충하는 데 중요한 역할을 담당하고 있습니다.

3) 사람과의 만남

생각하기에 따라서, 사람에게는 어떤 공부보다도 많은 사람과 만나고, 여러 사람과의 교제 방법을 배우는 것이 더 중요하다고 말할 수 있습니다. 독서를 통해서 우리는 여러 사람과 만나게 되고, 다양한 삶의 방법이나 생각을 접하는 게 가능해집니다.

4) 차이(차별)가 없음

이것은 기타 학습방법 및 교육방법에서는 그 사례를 찾을 수 없는, 아침독서만의 특징 중 하나입니다. 어른들이 책만 풍부하게 제공해 주면, 어떤 아이든지 자신이 좋아하는 책을 읽는 것만으로도 공평하게 책을 통해 배울 수 있습니다. 아침독서는 교사의 능력과 기량에 좌우되지도 않습니다.

5) 자립을 향한 길

책을 읽는 것은 자기자신의 노력으로 자신의 기술을 날마다 향상시키는 것이기 때문에, 모르는 사이에 자립정신이 자라납니다. 게다가 누구의 간섭도 받지 않고 몇 년 동안에 걸쳐 자신이 읽을 책을 스스로 선택할 수 있기 때문에, 저절로 깊은 차원의 자기발견으로 연결되어 자기창조로 발전해 나갈 가능성도 높습니다.

6) 삶을 풍요롭게

독서가 누구에게나 지극히 당연한 일상적 행위가 되는 것이 무척 중요합니다. 그 습관이 몸에 밴 사람은 대부분의 독서 애호가가 그렇듯이, 독서를 생활의 중요한 일부 혹은 기쁨으로 느끼게 될 것입니다. 아침독서를 통해 대부분의 학생들이 그렇게 되는 것도 가능하지 않을까요?

7) 미래에 희망을

"사람은 희망을 통해 살아간다"고들 합니다. 우리 선생님들에 한정짓지 않더라도 대부분의 어른들은 가슴에 품은 희망을 버팀목으로 삼고 살아갑니다. 그러나 종종 그것을 실현하지 못한 채 죽어 가는 운명에 처하기도 합니다. 일정 정도의 독서력을 가진 아이들은 책을 통해 희망을 품는 일, 나아가 실현하는 일도 가능해집니다. 세대를 뛰어넘어 희망은 이어집니다. 아침독서가 언젠가 그 희망을 이루어 준다는 믿음이 헛된 꿈만은 아닐 것입니다.

'모두 읽어요'의
교육적 배려

아침독서의 4원칙 중 하나인 '모두 읽어요'가 의미하는 것과 그 구체적 내용에 대해서도 좀 더 자세히 소개해 보고자 합니다.

이 원칙은 '학생과 교사가 모두 함께 책을 읽는 것'인 만큼 주의를 기울여야 합니다. 원칙을 지켜 나가는 데에는 더욱 '교육적 배려'가 필요합니다.

저는 기대했습니다. 전교생이 다 함께 참여하는 아침독서를 통해 학교의 하루를 시작하면, 학생과 교사가 쌍방으로 적잖은 변화와 영향을 주고받을 수 있지 않을까 하고. 모든 학생이 '같은 시간'에 '같은 행동'을 일제히 시작하기 때문에 아무리 싫어도 모두가 그 시간을 무게 있게 의식할 수밖에 없습니다. 자연히 지각도 쉽게 하지 못하게 됩니다. 전교 학생이 함께 '좋은 활동'에 임하고자 하는데, 자신의 지각으로 인해 학교 안에서 자기 반만 아침독서를 제대로 할 수 없게 된다면 무척 미안한 일이 되고 마니까요. 그 정도는 어떤 아이라도 쉽게 상상할 수 있는 일입니다.

교사도 마찬가지입니다. 교사 역시 아침독서의 참가자이기 때문에 자기 혼자만 멋대로 행동할 수 없고, 지각도 할 수 없습니다. 학교 전체가 일제히 책을 읽기 시작하는데 자기 학급만 와글와글 떠들고 지각생이 들락날락한다면, 담임으로서 최소한의 책임도 다하지 못하게 되니까요.

'모두 읽어요'는 학생과 교사 모두 같은 시간에 모여, 같은 행동을 취하는 것입니다. 그로 인해 모두가 시간을 지켜야 한다는 의식을 갖게 되어 실제로 지각도 하지 않게 됩니다. 모두가 '하나의 일'에 대해서 생각을 모으는 것은 '하나의 행동'을 취할 수 있도록 훈련시켜줍니다. 그것이 조금씩 당연시되어 몸에 배어 갑니다. '하나의 행동'이란 수업을 이루는 기본일뿐더러 일정수준의 질서 있는 집단(사회) 생활의 기본이기도 합니다. 그렇지만 제가 느끼는 바, 현재의 학교(적어도 고등학교)에서는 아침독서가 교사 쪽에서조차 거의 공감을 얻지 못한다고 해도 과언이 아닙니다.

그다음에 살펴볼 것은, '책을 가져오지 않는 학생'에 대한 것입니다. '모두 읽어요'라는 것이 어떠한 일인지, 여러분, 다 함께 한번 생각해 봅시다. 이것은 바로 '모두가 함께 생각한다'라는 것입니다. 저도 생각하고, 저의 부족한 면은 독자 여러분이 보충해 줍니다. 이것이 '모두 읽어요'의 본질적 의미인 것입니다.

우선 책을 가져오지 않은 학생에게는 이 문제에 대해 나름 생각할 기회를 주어야 하고, 교사도 도움을 주어야 합니다. 학생에게 아무런 기회와 도움을 주지 않는다면, 사태는 그대로 끝이 나고, 한 걸음도 나아갈 수 없게 됩니다. 일본의 학교 교육으로 책을 읽지 않는 아이가 잇달아 재생산되는 것은 그것 때문입니다.

하지만 '모두 읽어요'는 다릅니다. 일단 시작된 아침독서는 한 걸음, 두 걸음 나아가며, 결국 책을 안 가져오는 아이가 책을 가져와 모든 친구들과 함께 읽을 때까지 계속해서 진행됩니다.

구체적으로 생각해 봅시다. 책을 안 가져오는 아이가 어떤 생각을 하는지 모르기 때문에, 누군가가 도우미 역할을 해 주어야 합니다. 당연히 교사가 먼저 도우미로 나서야 합니다. 교사는 그러한 아이에게 "어째서 책을 가져오지 않았어?" 하고 물어보지 않으면 안 됩니다. 이 한마디가 즉석에서 나오지 않는 교사는 자격이 없는 교사입니다. 더 적극적인 교사라면 미리 준비해 온 책을 건네주는 것도 생각해 볼 수 있습니다.

교사는 다른 친구들도 그 아이의 도우미가 될 수 있도록 지도해야 합니다. 교사보다 먼저 주위의 학생들이 책을 가져오지 않은 아이에게 눈치를 주고, 적절한 움직임을 취할 수 있도록 가르쳐야 하지요. 친구들이 책을 안 가져온 아이에게 학급 문고에서 빨리 책을 찾아오도록 지시하거나, 아니면 몸소 책을 가져다주는 행동을 보이도록 이끌어야 합니다. 적어도 "어째서 책을 가져오지 않았니?"라는 질문을 던지게끔 지도하려는 노력이 반드시 필요합니다.

제가 담당했던 학급에서는 책을 안 가져오는 학생을 위한 '도우미 친구'를 서로 미리 정해 놓도록 했습니다. 도우미 친구는 혹시 친구가 책을 안 가져오면 스스로 그 친구를 위해 움직입니다.

'나의 역사'를 통해 보는 아이들의 모습

학급운영 및 집단지도를 하는 대전제로서 당연히 교사는 아이가 책을 가져오지 않는 이유에 대해서 알고 있어야 합니다.

그러려면 '나의 역사' 작업을 이용하는 것이 좋습니다. 기회 있을 때마다 호소하는 내용입니다만, 10년 이상 지난 지금도 "그것(나의 역사)을 실천해 보았다"라는 교사를 단 한 사람도 만나 보지 못했습니다. "나의 역사 작성이야말로 아침독서를 성공시키는 비결"이라고 반복하여 호소해 왔는데도 말입니다.

고교 입학을 앞둔 시점에 제출하도록 한 '나의 역사' 안에 '나의 독서 역사'를 명확하게 쓰도록 합니다. 그 작성 내용이 충분치 않은 아이들에게는 무엇을 어떻게 써야 하는지 잘 지도하고, 틀린 부분은 몇 번이라도 고쳐 쓰도록 이끕니다. 우선 시작 시점부터 철저하게 하여 학생 한 사람 한 사람에게 자신이 읽어 온 '독서의 역사'와 마주볼 기회를 제공할 필요가 있습니다. 이것은 고교 교육의 경우, 지금의 일본 현실에서 필요 불가결한 대처라고 해도 좋을 것입니다.

30년 전쯤, 곧 제 자신이 '나의 역사'를 처음 실천하기 시작했을 무렵에는 오직 한 가지 목적밖에 없었습니다. 그 목적이란 교사로서 학생의 자아 및 인격 형성을 가능하게 하는 독서 정보를 정확히 알기 위한 것이었습니다. 그런데 이제 와서는 더 중요한 목적이 생겼습니다. 바로 학생들 자신이 스스로를 엄격하게 마주 보도록 하는 계기를 제공하려는 것입니다.

그만큼 지금의 아이들은, 자신의 인생을 스스로 열어 왔다는 자각이 취약하고, 거의 부모나 다른 누군가(예를 들어 미디어나 컴퓨터)에게 조작되어 살아 왔다는 느낌을 강하게 품고 있습니다. 이러한 현실은, 아이들이 책을 읽지 않는 원인을 암시합니다. 그리고 아이들이 책을 읽지 않게 되었다는 현실이 과거와는 비교가 되지 않을 정도로 심각한 위기에 처해 있음을 잘 드러냅니다.

이야기를 다시 되돌려 봅시다. '나의 독서 역사'를 진지하게 쓰게 하는 것만으로 학생들의 아래와 같은 실태를 쉽게 파악할 수 있습니다. 그와 동시에 아침독서의 어려움도 알게 됩니다.

"집이나 주변에 책이 단 한 권도 없는 아이들이 있다."

"도서관에 가 본 적도 없고 마을 도서관의 위치도 모른다."

"서점에 들러 본 적도 없다."

"고등학교 입학할 때까지 책을 단 한 권도 읽어 본 적이 없다."

"초등학교, 중학교 9년 동안 책을 읽을 기회가 한 번도 주어지지 않았다."

"학교 수업에서 독서한 경험을 해본 적도, 기억도 없다."

아이들의 독서환경 실태는 위의 보고처럼 정말 참담한 상태였습니다. '책을 가지고 있지 않은 아이'도 있기 때문에, 그런 아이들에게 "책을 가져오세요!"라고 요구하는 것만으로는 아무것도 해결되지 않습니다. 교사, 그리고 특히 주위의 친구들이 앞서 말한 대로 '모두 읽어요'를 직접 실천했다고 해도, 단지 한두 번만으로 쉽게 개선되는 것은 지극히 드문 일임을 각오해야만 합니다. 사태는 그렇게 단순하지 않습니다.

손이 닿는 곳에 책을 두어라!

그럼, 어떻게 해야 할까요? 손쉬운 방법으로, 한 학급에 '학급문고'를 다 함께 만듭시다. 학생들이 집에서 자신의 책을 각자 한 권씩 가져와 꽂아 놓는 방법도 좋습니다. 전국의 교사들 중에는 스스로 몇 십 권씩 가져와 교실에 비치한 사람도 많이 있습니다. 저도 수백 권을 학급문고로 가져왔습니다. 더러는 헌책방에 가서 책을 대량으로 사오는 교사도 있습니다.

지금까지 도서관에서 자고 있던 책을 눈뜨게 하고, 각 교실로 옮겨 보면 어떨까요? 또 학부모나 지역 주민에게 호소하여 협력을 얻는 방법은 어떨까요? 그러한 방법으로 한꺼번에 수백 권의 책을 기증받은 학교도 많이 있습니다.

교무실에도 교사를 위한 아침독서 전용 책꽂이를 설치합니다. 교사 스스로도 각각 책을 추천하면서 전용 책꽂이를 채워 갈 수 있습니다. 물론 이 책꽂이는 교사만의 책꽂이가 아닌, 학생도 자유롭게 추천하고 대출할 수 있는, 교사와 학생 모두가 '다 함께 누리는 책꽂이'로 운영할 수 있습니다. 학교 전체가 참여하는 아침독서 실천을 추진하기 전에 먼저 교무실에 자유 독서를 위한 책(수업용, 연구용 책은 별도로)을 비치한 책꽂이를 놓는다는 발상을 그동안 왜 하지 못했을까요?

그래도 전국 각지에서 다음과 같은 교장 선생님들도 있어 희망을 갖게 합니다. 교장실에 아침독서용 책꽂이를 만들어 자신의 책을 비치해 놓았을 뿐 아니라, 학생의 등교 시간에는 출입구를 개방하여 학생들이 자유롭게 책을 빌려 가도록 했다는 것입니다. 그로 인해 지금까지 없었던 교장 선생님과 학생들과의 개별적 만남도 생겨났다고 하니 참 반가운 얘기입니다.

더 나아가 다음과 같은 사례도 생겨났습니다. 다소 경직된 풍경이었던 현관이나 교실로 향하는 복도, 계단이 꺾어지는 곳 등에도 아침 독서 전용 책꽂이를 설치하여 흥미를 유발할 만한 책들을 비치함으로써 책을 가져오지 않았던 학생들도 교실로 들어가는 도중에 마음에 드는 책 한 권을 찾아낼 수 있게 했다는 것입니다.

이처럼 학교 안에 아침독서 전용 책꽂이가 곳곳에 생기면 책을 가져오지 않던 학생들이라도 어디서든지 마음에 드는 책을 쉽게 손에 쥘 수 있게 됩니다.

지금의 학생들이 자라 온 생활환경과 현재의 공동체성이 상실된 (개인주의화 된) 사회 현실을 생각하면 생각할수록, '책을 가져오지 않는 아이가 있다'는 현실을 바꾸기는 쉽지 않습니다. 그래서 저는, 학생의 의식이나 행동을 변화시키는 것도 물론 중요한 일이지만, 그보다 먼저 '모두 읽어요'의 장점을 충분히 살리는 방법이 유효하지 않을까 생각합니다. 그러한 대안 가운데, '책을 가져오지 않는 아이'의 의식이나 실천력도 변화시킬 가능성이 있는 게 아닐까요?

손만 뻗으면 금방 닿을 만한 곳에 책이 있고, 매일 아침 혹은 하루 중 몇 번이나 지나가는 곳에서 책이 말을 걸어 온다면, 어떤 아이라도 책과 자신이 연결되어 있다는 사실을 깨달을 거라고 기대합니다.

역설적으로 들릴지 모르겠지만, 일본의 가정(특별히 여유 있는 가정 제외)·학교·지역 등에서 아이의 생활 속에 책이 거의 없다는 실태를 밝힌 것 자체가 작지만 위대한 아침독서의 업적 중 하나로 꼽을 수 있지 않을까요? 아침독서는 다 함께 하는 것이라는 인식이 아이들의 생활에 책을 깃들게 하는 데 성공했다고 할 수 있습니다.

저는 '책의 민주주의'라는 말을 기회 있을 때마다 강조해 왔습니다. 학생이 10명밖에 없는 학교나 1,000명이 넘는 학교나 진열돼 있는 책의 수는 같아야 한다는 것을! 적어도 필요한 때에 이용할 수 있는 책의 수는 같아야 한다는 것을! 어린아이에게 몇 권의 책과 만날 수 있도록 보장해야 할까요? 많으면 많을수록 또 종류가 풍부하면 풍부할수록 당연히 좋은 것입니다.

한 명의 아이에게 책이 보여 주는 세계의 크기는, 어디에서라도 똑같아야 한다고 생각합니다. 오히려 적은 인원수의 학교 쪽에 많은 책이 있는 것이 바람직합니다. 왜냐하면 책은 적은 수의 친구들이나 선생님을 대신해 줄 수 있기 때문입니다. 경우에 따라서는 인생을 인도해 주는 별과 같은 사람을 책 속에서 만날 수도 있기 때문입니다.

'모두 읽어요'를 기회로 삼아 책 제목만 보이도록 책등 쪽으로 꽂아 놓는 방법으로 한꺼번에 바꿔야 합니다. 또 책을 펼치거나 눕혀 표지의 앞뒤 모두를 동시에 보이도록 해 보는 것은 어떨까요? 마치 책도 하나의 살아 숨 쉬는 인격을 가지고 아이에게 말을 걸어 갈 수 있도록 말이지요.

공간이 없다면, 학교 내부에서 살벌하고 경직된 풍경을 연출하는 대표적인 장소(복도나 계단 꺾어지는 곳)의 놀고 있는 벽 공간을 이용하면 어떨까요? 그곳의 허전한 벽면을 책 표지나 책과 관련된 다양한 개성어린 내용들로 채워 가면 어떨까요? 그 정도만으로도 학교가 지금까지와는 전혀 다른 세계로 보이게 될 것입니다.

4

다 함께 책 읽기를
시작한다

학생을 '주체'로
바라보기

지금까지 제가 전국을 다니면서 받은 충격 중 하나는, 무엇보다도 '다 함께 시작한다'라는 발상 자체가 '모두 읽어요' 원칙 속에 포함되어 있음을 깨닫지 못한 교사가 대부분이었다는 사실입니다.

이것은 일본 학교에서는 수업을 비롯해 거의 모든 학교생활이 종소리로 시작된다고 하는 고정관념이나 습성에서 원인을 찾을 수 있습니다. 오히려 지금은 너무나 익숙해져서 종소리가 시작의 의미를 상실해 버렸다고 해도 과언이 아닙니다. 앞서 말한 것처럼 교사조차 대부분 수업시작 종소리가 실질적으로는 준비 신호로만 받아들이는 것에 대해서 전혀 문제의식을 느끼고 있지 않는 것 같습니다.

그러니까, 강연 때 이런 질문이 자주 나옵니다. "아침독서를 시작한 지 수개 월, 혹은 1년이 지나도 학생들은 조금도 안정되지 않았으며, 시작 종소리가 울린 뒤에야 학급문고에서 책을 꺼내거나, 5분 정도 지나고 나서야 학생 전원이 책 읽기에 집중하게 되었다."는 지적이었습니다. 이 경우에는 적어도 '학생 전원이 책 읽기에 집중하게 되었다'는 면에서 양호한 편입니다. 아침독서의 초기 운영 실태를 보면, 마지막 순간까지도 웅성거리며 책을 제대로 읽지 않는 학생이 절반 이상 되는 경우가 흔했기 때문입니다.

"학생들의 수준이 낮다"라고 말하고 싶지는 않지만, 한편으로는 거기에 진실이 있다는 점도 일부 인정해야 할 현실입니다. 하지만 그런 현실을 바꾸기 위해서 방법론을 제시하고, 학생들을 대상으로 교육활동을 하는 게 교사의 사명입니다. 그리고 아침독서가 학교에서 실행할 수 있는 '마지막 히든카드'라는 사실을 이제라도 깨달으면 좋겠습니다. 교사든 학교든, 교육활동을 펼친다면, 결코 특별한 것이 아닌 학교 현장의 '일상'으로부터 학생 한 사람 한 사람의 의식과 행동을 이끌어 가기 위한 노력을 기울여야 할 것입니다. 효과적인 실천을 위해서는 제대로 된 목표와 구체적인 지도 방법으로 아침독서를 일상 속에서 실행해야 한다는 것입니다. 교사가 정확한 행동 지침을 제시하지 않으면, 학생은 진보하기는커녕 후퇴를 거듭할 뿐입니다.

자주 지각을 하는 학생일수록 지각방지를 위한 지도가 필요하고, 자주 책을 가져오지 않는 학생일수록 도서지참을 위한 지도가 필요한 것처럼, '책 읽기'를 곧바로 시작할 수 없는 학생일수록 관심과 배려로 지도하는 노력이 필요합니다. 교사들은 이것을 마음속 깊이 자신의 책임으로 새겨 두어야 합니다.

특히 고등학교 교육 현장에서 부딪히는 아침독서의 가장 큰 장해 요소는, 교사가 학생을 교사의 지시대로만 움직이는 '객체'로밖에 보지 않는다는 데 있습니다. 교사가 학생을 스스로의 자각과 의지로 행동하는 '주체'로 보는 시선이 필요합니다.

아침독서는 이것을 일본의 모든 교사에게 깨닫게 하기 위한 하나의 대책이라고 할 수 있습니다. 그것을 실현하기 위해 중요한 일은, 몇 번이고 강조했듯이 교사도 학생과 함께 책을 읽고, 함께 배우는 것입니다. 아침독서는 교사 자신도 누군가의 지시대로만 움직이는 존재가 아니라, 스스로의 자각과 의지로 학생들을 교육하는 주체라는 사실을 깨닫는 데 도움을 줍니다.

스스로 책을 읽으려 하지 않는 교사들 중에는, "교장이 하라고 명령하니 어쩔 수 없이 한다"라며 학생들 앞에서 공공연하게 말합니다. 그러면서도 전혀 부끄러움을 느끼지 않는 교사의 학급에서는 결코 아침독서가 제대로 운영될 수 없습니다. 그 이유가 무엇인지에 대해서도 생각할 필요가 있습니다.

정해진 시간에
아침독서 시작하기

정해진 아침독서 시간에 다 함께 읽으려면 무엇이 필요할까요? 무엇보다도 교사가 아침독서가 시작되기 전부터 책을 읽는 것이 중요합니다. 단, 이 방법은 1년 내내 매일 계속할 경우에만 효과가 있습니다. 그러나 요즘 상황을 보면 이 방법만으로는 학생들이 전혀 바뀌지 않는 경우도 있습니다. 이러한 현실을 바꾸려면 모든 교사들이 함께 아침독서를 추진한다는 의식을 가져야만 합니다.

교사 한 명의 힘으로는 역부족이라면, '함께 시작하는 방법'을 선택해야 합니다. 이미 전국적으로 많은 학교에서 실시하는 방법으로, 시작 시간에 벨 울리기, 음악 들려주기, "시간이 되었습니다! 아침독서를 시작하세요!"라는 방송하기 들이 있습니다. 이 방법은 분명 아침독서에 집중할 수 있도록 도와주었다고 합니다.

하지만 이 방법에 대해서도 여전히 의문이 있습니다. 왜냐하면 결국 교사가 학생들을 움직이도록 이끄는 방법이기 때문입니다. 따라서 이런 방법은 어떻게 보면 큰 효과가 있는 것 같지만, 결국 모든 학생들의 자발적인 독서 습관 함양과 '자립'을 목표로 하는 아침독서운동의 입장에서는 결코 바람직한 방법이라고 할 수 없습니다.

제가 제안하는 타협적 방법은 아침독서 시작 5분 전에 벨을 울려, 학생들에게 독서 시작 신호를 보내 잠들어 있는 독서를 향한 '자각'을 일깨워 주는 것입니다. 준비 신호를 통해 독서에 대한 자각이 없던 학생들까지 아침독서를 스스로 하게 만드는 것입니다. 또한 방송으로 알려 줄 때에는 일부 방송위원만이 그 역할을 맡는 것이 아니라, 최고 학년을 중심으로 모든 학생들이 역할을 분담하면 좋겠습니다. 항상 피동적으로 움직이는 입장이 아니라 자신도 때때로 이끄는 쪽에 서 보는 것으로 학생들의 자각은 근본적인 변화를 일으킬 수 있습니다.

교사가 아침독서 시간 전에 책을 읽기 어려운 이유는, 거의 모든 학교에서 아침에 교사회의를 열기 때문입니다. 그 대책으로 다음과 같은 방법을 제안합니다.

하나는, 기본적인 일정 중에 교사가 일찍 교실에 들어가 책을 읽는 조건을 포함시키는 것입니다. 예를 들어 10분 동안의 회의가 끝난 뒤, 아침독서가 시작할 때까지 5분 정도 여유를 갖고 모든 교사가 그 시간에 교실로 이동해, 책을 읽기 시작하는 것입니다. 이것이 학교에서 할 수 있는 가장 바람직한 방법이 아닐까 생각합니다. 그러나 현실적으로는 교사들의 아침회의와 아침독서 시간이 겹쳐서 교사가 아침독서에 참석하지 못하는 학교도 많기 때문에 이 방법은 예외를 두면 실천하기가 어렵습니다.

그러면 아침독서 시간 전에 책을 읽을 수 있도록 하려면 학생들의 힘에 의존할 수밖에 없는데, 아침독서의 목표로서는 이 방법이 가장 좋을 것입니다. 물론 아무런 방법을 쓰지 않아도 모든 학생이 자발적으로 독서를 시작하는 것이 가장 이상적이지만, 그것은 말 그대로 이상일 뿐이므로 현실 적용 가능한 범위 내에서 최대한 노력할 수밖에 없습니다.

그래서 당분간 구체적인 방책으로 교사를 대신할 학생들을 조직해 모든 학생들이 돌아가며 아침독서 분위기를 주도하는 일을 맡도록 하는 것도 좋은 방법이 될 것입니다. 지각에 대한 이야기를 했을 때 소개한 제 방법을 다시 예로 들어보겠습니다.

즉, 어느 학교에서나 매일 돌아가며 맡는 '학급당번' 제도를 활용하는 것입니다. 그렇게 하면 매일 교대해 가면서 모든 학생이 아침독서 분위기를 주도할 수 있습니다.

저는 학급당번에게 아침독서를 시작하는 10분 전부터 교사인 제가 회의 때문에 교실에 못 들어오는 동안에 등교하는 학생들에게 인사하는 일과 동시에 이미 교실에 와 있는 학생들에게 아침독서를 시작하도록 이끄는 역할을 주었습니다. 두 명의 당번이 하기에 조금 벅찰 수도 있지만, 등교하는 친구들을 확인하고 미리 준비한 자신의 책을 읽으면서 동시에 다른 학생들에게 독서를 권하는 일을 합니다. 이 일은 어렵게 보일 수도 있지만, 당번이 두 명이기 때문에 역할을 잘 분담하면 충분히 해낼 수 있습니다. 모든 학생들이 매일 교대해서 하기 때문에 당번의 입장도 충분히 헤아리게 됩니다. 그래서 등교하는 학생이 교실 앞에 앉아 있는 그날 당번에게 먼저 말을 건네 등교했다고 알려 줍니다. 당번의 시간을 벌어 주고 일을 덜어 주는 것이지요. 이런 면에서 아침독서는 모든 학생에게 함께 반을 만들어 간다는 인식을 심어 줍니다.

학급의 모든 학생들 사이에 이러한 소통이 이루어지면, 두 명의 당번이 힘을 합쳐 아침독서 분위기를 쉽게 형성할 수 있습니다. 복도에서 다른 반 친구와 수다 떠는 친구에게 한 명의 당번이 말을 걸어 독서를 권하는 일도 어렵지 않게 할 수 있습니다. 뭐니 뭐니 해도 당번이 한 바퀴를 돌아 처음으로 다시 돌아올 즈음에는 "이제 독서를 시작하자!"라는 목소리가 교실 여기저기에서 튀어나와 순간 반 전체가 진지한 독서 분위기로 바뀌기 시작합니다.

그래서 제가 맡았던 학급에서는, 아침회의를 마치고 교실로 들어올 때 이미 거의 모든 학생들이 독서를 시작한 상태였습니다. 그렇다고 해도 저는 회의가 끝나면 곧바로 교실에 들어가려고 매일 노력했습니다. 일주일에 한두 번은 아침회의가 늦어져서 아침독서 시간에 늦을 때도 있지만, 그럴 때에도 제가 교실 문을 열고 들어가기 어려울 정도로 조용히 독서에 열중하고 있었습니다. 저는 독서 분위기를 깨지 않기 위해 늘 뒷문으로 들어갔지만, 눈에 띄고 싶은 학생이 고개를 뒤로 돌려 저를 보고 'V' 사인을 보내기도 했습니다.

주된 목적은
자립심을 키우는 것

제가 처음으로 반 아이들과 함께 아침독서를 실시할 때에는, 다른 반이나 복도에서 여전히 학생들이 소란을 피우고 있었습니다. 그러한 '학교의 현실' 문제에 대해서 함께 생각해 보고 싶습니다. 제가 다른 반 선생님들께 여러 방법을 소개하며 "학생들을 조용히 집중시킬 수 있게 된다"고 열심히 설득하여도, 그것을 이해해 주고 함께 실천에 옮겨 주는 교사는 학교 전체에서 단 2~3명밖에 없었습니다.

말할 필요도 없이, 저는 이 방법을 모든 학급에 확대시킬 수 있도록, 교사회의 때 제안하기도 했습니다. 하지만 회의는 '학급경영은 담임의 재량으로 한다'는 결론으로 끝나곤 했습니다. 그래서 처음에는 잘 운영되던 아침독서도 첫 학기가 끝나갈 무렵이 되면 시끄럽고 산만한 학급이 여러 곳 생기고 말았습니다.

저는 이 문제를 학생회 안건으로 가져갔습니다. 교사가 안 되면 학생의 적극적인 노력으로라도 성취되길 기대했습니다. 그렇지만 여기에서도 교사의 벽은 높고 두터웠습니다. 겨우 전교 23개 학급 중

(우리 반은 제외) 기껏해야 2~3개 학급에서만 학급토론에서 이 안건을 다룰 뿐이었습니다. 그것도 상당히 힘 있는 학급위원의 경우만 안건으로 다루었습니다. 하지만 결국 실제로 실시해 보겠다고 결의한 반은 하나도 없었습니다.

여기에서 다시 한 번 강조하지 않으면 안 되는 것이 있습니다. 그것은 아침독서가 하루를 여는 중요한 시간이라는 점입니다. 그러므로 정해진 아침독서 시간이 되기 전부터 책을 읽기 시작하여 예정 시간이 되었을 때에는 이미 전원이 책을 읽고 있어야 한다는 기본적인 마음가짐을 처음부터 학급 방침으로 내세워 그것을 위한 구체적인 방법을 계속 실행해 가는 것이 중요합니다. 왜냐하면, 그러한 자세는 아침독서가 잘되기 위한 기본 조건임과 동시에 모든 수업을 알차게 진행할 수 있는 필수 조건이기 때문입니다.

몇 번이고 반복해 설명했듯이 일본의 많은 학교에서는 시작 종소리가 울리고 난 뒤에서야 교실에 들어오거나, 자리에 앉거나, 교과서를 펼치거나 하는 학생이 대부분입니다. 어떤 경우에는 이미 오래전에 종소리가 났는데도 교사 자신이 늦게 나타나기 때문에 더욱 그런 상황이 심화되기도 합니다. 아침독서는 바로 이러한 상황을 개선하기 위한 하나의 방법이라는 점도 잊어서는 안 될 것입니다. 이 점은 제가 신경을 많이 쓰는 부분이기도 합니다.

하지만 아침독서는 단지 학생들에게 책을 읽게 만드는 것만이 아니고, 자립심을 키우는 것이 주된 목적입니다. 그렇기 때문에 '다 함께 책을 읽기 시작한다'라는 말은 한 명 한 명의 학생이 다른 힘에 의

지하는 것이 아니라, 스스로 읽고 싶어 하는 힘(읽고자 하는 마음이 생기는 것)에 의지하는 것에 본질이 있습니다. 교사도 그 점에 주목하여 성실하게 지도해야 합니다. 특히 고등학교의 경우, 아침독서의 온전한 실현이 여전히 아득히 먼 곳의 빛처럼 희미하게 보일지라도, 일단은 '다 함께 책을 읽기 시작한다'는 형식을 통해 그 첫걸음을 내디뎌 보는 것이 필요하지 않을까 싶습니다.

'다 함께 시작하기'와 더불어 '다 함께 끝내기' 위한 방법에 대해서도 다뤄 보고자 합니다. 즉, 아침독서 시간이 끝났음을 알리는 종소리가 울렸는데도, 여전히 책을 붙잡고 안 끝내는 학생이 있는데, 이런 경우는 어떻게 하면 좋을까요? 이런 질문을 여러 번 받곤 합니다. 저 역시도 학생들이 깊이 집중하고 있기 때문에 종료 시간에 이르렀다고 곧장 그만두게 하기가 아쉬워서, 제가 1교시를 담당할 경우에는 그대로 놔두기도 했습니다. 하지만 시간관념과 더불어 독서를 제때 끝내는 방법을 미리 학생들에게 가르치고 그러한 태도와 습관을 몸에 배도록 하는 지도가 필요합니다.

독서 끝내기 역시 방침을 제시하고, 연습시키는 것이 중요합니다. 마침을 알리는 종소리가 울리자마자 모두 독서를 강제로 그만두도록 하는 것은 비민주적이라는 생각이 듭니다. 기본적으로 독서를 어느 시점에 그만두게 하느냐는 각각의 학생 스스로가 결정하도록 합니다. 이 방법의 장점은 학생에게 자율적 독서습관을 심어 주어 독서를 시간에 맞춰 끝내는 게 좋음을 스스로 깨닫게 한다는 것입니다. 자율적 독서습관이 몸에 밴 학생은 중간에 어쩔 수 없이 독서를 그만둔다든가 시간이 지나도 계속 읽는 등의 모습을 보이지 않게 됩니다.

구체적으로는, 책을 덮어야 하는 2~3분 전쯤에는 오늘 어디까지 읽는 것이 좋을지 미리 정하라고 지시해 놓는 것이 좋습니다. 학생들은 자신이 10분 동안에 어느 정도의 양을 읽을 수 있는지 잘 압니다. 계속해서 읽고 싶은 경우에는 쉬는 시간을 이용해서 읽을 수가 있습니다. 좀 더 일찍 독서를 끝내고 조용히 묵상하거나 읽었던 내용을 떠올리면서 마음에 와 닿았던 말을 적어 두는 여유를 갖게 해 줍니다.

자신의 능력에 맞추어서 시작한다

'다 함께 책 읽기를 시작하는 것'을 통해서 제가 말하고 싶은 것은, '시간이 되기 전부터 모두가 책을 읽기 시작하는' 것을 확실하게 인식하자는 것입니다. 또한 교사나 학생 모두에게 유용한 구체적인 방법을 고안하고, 그것을 착실하고 끈기 있게 실행하도록 노력하자는 것입니다.

두 가지 중요한 것이 있습니다. 그 한 가지는, 지극히 당연한 일이지만 '다 함께 읽는다'는 분위기를 학교 전체가 협력해서 만들어 가야 한다는 것입니다. 다른 한 가지는 모두가 예외 없이 적어도 10분 동안은 매일같이 제대로 독서하는 시간을 확보해야 한다는 것입니다.

왜냐하면, '다 함께 읽기' 위해서는 '모두가 책을 읽을 수 있는 능력 확보'가 절대적으로 필요하기 때문입니다. 아침독서의 구체적이고 직접적인 가장 큰 과제는 모든 학생이 꼭 책을 읽을 수 있고, 그 능력이 몸에 밸 수 있도록 하는 것이기 때문입니다. 모든 학생이 이 과제를 달성하려면 적어도 매일 10분 동안 각자가 집중해서 책을 읽는 시간을 확보해야 합니다. "계속하는 것이 힘이다"라는 말도 있습니다. 이 점에 대해서는 다음 장에서 자세히 다루고자 합니다.

'다 함께 읽기'에는 '다 함께 도와주면서 읽는 것'이라는 의미가 포함되어 있는데, 이를 실현하려면 한 사람 한 사람 각자의 노력이 필요합니다.

책을 다 함께 읽으려면(도와주면서 읽으려면) 무엇보다도 모두가 '자신의 힘으로 쉽게 읽을 수 있는 책부터 시작하는 것'이 좋습니다. 그런데 이때 학생은 자신을 위한 책을 스스로 정해야 합니다. 아침독서의 기본 원칙으로 '좋아하는 책을 읽어요'라는 원칙이 제시된 것도 바로 이러한 점과 직결되는 부분입니다. 사실 모든 학생이 자신의 힘으로 쉽게 읽을 수 있는 책을 선택했는지의 여부를 확인하는 일은 무척 어려운 작업입니다. 그래서 학생 각자가 그 중요성을 인식하고 잘 실천해 갈 필요가 있습니다.

그런데 이런 일은 의외로 어렵습니다. 어떤 때는 옆자리 친구가 무엇을 읽는지 엿볼 경우도 있는데, 더러는 자존심 때문에 자기 능력을 뛰어넘는 어려운 책을 어쩔 수 없이 펼쳐 들고 읽는(실은 읽는 척하는) 상황이 종종 벌어집니다. 학년이 올라갈수록(특히 고교생일수록) 이런 일이 자주 일어납니다. 이 일은 아침독서 때만은 어떻게든

막아야 하는 현상입니다. 그대로 놔두는 것은 백해무익합니다. 이런 독서는 결코 읽기 능력을 키울 수 없기 때문입니다. 오히려 독서를 싫어하게 될 가능성이 높습니다.

이런 일을 막으려면 교사가 역할을 해줘야 합니다. 자신이 쉽게 읽을 수 있는 책부터 시작하여 한 단계씩 수준을 높이는 것이 결국 독서습관을 기르는 지름길이 되는 것입니다. 교사는 바로 그 점을 아이들에게 계속 강조해 가며 가르칠 필요가 있습니다.

저는 누구나 이해하기 쉬운 예로서 스포츠를 들곤 합니다. 어떤 종목이든지 스포츠를 잘할 수 있게 되려면 갑자기 높은 기술을 획득하는 것은 불가능하며, 자신이 할 수 있는 수준의 기술이나 능력부터 착실하게 매일 연습해야만 합니다. 그것이 실력을 높이는 지름길입니다. 독서도 이와 똑같은 논리입니다.

자신의 능력에 맞는 책부터 시작한다면, 아침독서가 이미 절반은 성공했다고 볼 수 있습니다. 교사들도 중학생이라 하더라도(혹은 고교생도 마찬가지) 그림책부터 시작할 필요가 있는 학생도 있다는 사실을 먼저 인식해야 할 것입니다.

모두가 도우면서
읽다

이번에는 '10분 동안 같은 교실에서 다 함께 읽기'라는 아침독서의 가장 큰 특징을 최대한 활용하기 위한 방법을 제 실천 사례를 통해서 소개해 볼까 합니다. '다 함께 읽기' 때문에 한 걸음 더 나아가서 '모두가 도우면서 읽기'가 되는 것입니다. 막상 실행해 보니까 이 방법이 여러 면에서 활용 가치가 있음을 알게 되었습니다. 이것은 '모르는 일이 생긴 경우에는 될 수 있는 한 10분 동안에 해결하자'는 것입니다.

별거 아닌 제안 같지만 저희 반에서는 반응이 좋았습니다. 구체적인 사례로, 국어 능력이 출중한 학생들과 그렇지 않은 학생들이 서로 가까워지는 현상을 보였습니다. 다 함께 책을 읽는 일은, 학교 전체를 생각하면 수백 명의 학생들이 조용히 독서하는 것이 이상적이라고 할 수 있겠지만, 저는 '서로 가르치고 서로 도와준다'라는 요소를 집어넣었습니다.

가령 독서하면서 못 읽는 한자가 나오면 당황하며 금방 독서에 흥미를 잃게 되기 마련입니다. 이러한 경우, 대개는 모르는 한자를 그대로 놔두고 다음 문장부터 읽으면 된다고 생각할 것입니다. 왜냐하면 아침독서 시간에는 반드시 조용히 읽어야 한다고 생각하기 때문이지요. 저도 처음에는 그렇게 생각했습니다.

그런데 어느 날, 한 학생이 제게 와서 눈앞에 작은 종잇조각을 내밀었습니다. 거기에는 "화장실 가도 될까요?"라고 적혀 있었고, 저는 학생과 얼굴이 마주치기도 전에 곧바로 "응!" 하고 대답했습니다.

이 경험이 힌트가 되어 저희 반에서는 못 읽는 한자가 나오면 메모지에 적어서 옆 친구에게 물어볼 수 있도록 했습니다. 메모지를 받은 친구는 조용히 그 한자의 읽기 방법을 알려 주면 됩니다. 친구도 못 읽는 경우에는 제게 메모를 전달해 해결하면 됩니다. 그리고 한자의 의미까지 자세히 알고 싶은 경우에는 "의미도……"라고 적으면 그 내용까지 가르쳐 줍니다.

이 방법을 사용하면 소리 낼 필요도 없이 상호지도가 가능해지고 10분 동안에 많아 봐야 5~6명 정도 이동할 정도이므로 독서하는 다른 학생들에게 크게 방해될 것도 없습니다.

그리고 무엇보다도 습관을 들이기 위해 학생들이 입학할 때부터 졸업할 때까지 계속 강조했던 말이 있습니다. 그것은 "일상생활 속에서 되도록이면 국어사전을 자주 이용하라"는 것입니다. 졸업할 때는 "나중에 진학을 하든, 취직을 하든 이것만은 꼭 실천하기 바란다"고 당부했습니다. 즉, 아침독서 시간에도 읽을 줄 모르는 한자를 친구에게 물어보는 것은 좋은데, 그 의미는 자신의 국어사전을 이용해서 찾아보라는 것입니다.

그리고 한번 사전에서 확인한 말은 빨간색으로 표시하도록 했습니다. 이것은 제 자신이 초등학생 때부터 실행해 온 방법이고, 실제로 많은 도움이 되었기 때문입니다. 저는 모든 학생들에게 "국어사전은 자신이 만들어 가는 노트라고 생각해라"는 말을 입버릇처럼 했습니다. 제 학생들 중에는 고등학교 때 쓰던 국어사전이 완전히 너덜너덜해진 친구가 여러 명 나왔을 정도입니다. 제가 담당한 수업에서는 모든 학생이 반드시 국어사전을 책상 속에 두어야 한다고 말했습니다.

아침독서 시간에 한자의 의미까지 물어도 된다고 한 것은, 학생들 서로가 공부하면서 충분히 소통하기를 원했기 때문입니다. 당연히 '의미'를 가르쳐야 하는 학생에게도 도움이 되었지요.

감동을 함께 느끼는 '마침표 읽기'

'다 함께 읽는 것'을 최대한 활용하기 위해 다음과 같은 방법을 자주 실행에 옮겼습니다. 무엇보다 제가 읽고 감동을 받은 글을 우리 반 아이들과 함께 공유하고 싶을 때입니다. 긴 글의 경우에는 보통 수업 시간에 소개했지만, 긴 글에서 발췌한 일부 내용이나 짧은 글은 10분 동안에 읽을 수 있게 만들어 아침독서 시간에 아이들이 읽도록 했습니다. 10분 안에 마칠 수 있게 글을 정리하고 학생 수대로 복사한 글을 나누어 주어 '마침표 읽기'라는 방법으로 모든 학생이 함께 읽은 것입니다. '마침표 읽기'란 자리에 앉은 순서대로, 마침표가 나올 때까지 한 문장씩 돌아가며 읽는 것입니다. 이 방법은 학생들이 글에 집중하도록 만들고, 무엇보다 학생들이 함께 감동을 느낄 수 있다는 점이 다른 방법에는 없는 장점입니다.

간혹 반 분위기가 좋지 않은 경우에도 저는 이 방법을 택했습니다. 한 학생을 도와주고 위로하기 위한 목적으로도 '마침표 읽기'를 시행한 것입니다. "저도 그 방법을 시도해 보았습니다"라는 교사들의 목소리가 고등학교에서는 별로 들을 수 없었습니다. 하지만 학급 내에 어수선한 문제가 발생할 경우에는 꼭 한번 시도해 보시기 바랍니다.

제가 갑자기 교실에 못 들어갈 경우에는 읽으면 좋겠다 싶은 책을 미리 복사해서 그날 당번에게 주고 "이것을 아이들에게 나눠 주고 각자 조용히 읽으라고 해!"라며 지시합니다. 그때는 '마침표 읽기'를 하는 것이 아니고, 각자 묵독하도록 했습니다. 고등학생들의 경우에는 이 방법을 훨씬 더 좋아하는 것 같습니다. 저는 누구든지 읽을 수 있는 쉬운 글을 주로 사용하지만, 그래도 학생들은 자신의 속도로 음미하며 묵독하는 것을 좋아합니다.

읽지 않으려는 학생들은
어떻게 대할까?

그런데 '다 함께 읽는 것'에는 가장 큰 문제점이 하나 있습니다. 그것은 전국 어느 학교에서나 해당되는 사항입니다. 아침독서를 위해서 자신이 읽고 싶은 책을 가지고 오도록 하지만, 도무지 책에 관심이 없어 독서 자체를 거부하는 학생들은 어떻게 대하는 게 좋을까 하는 문제입니다. "한 사람은 모두를 위하여, 모두는 한 사람을 위하여"(일본의 빈민운동가 가가와 도요히코 목사가 제창한 협동조합 정신−역자 주)라는 말을 자주 듣습니다만, 한 사람을 움직이도록 하기 위해서는 모든 학생의 힘이 필요합니다. 즉, 아침독서를 '다 함께 하는' 가장 큰 이유도 바로 여기에 있습니다. 교사 또한 학생들과 함께 책을 읽어야 그 의미가 살아납니다. 그러므로 아침독서는 오히려 교사에게 책임의식과 엄격한 실천의지가 요구됩니다.

교사는 모든 학생이 질서 있는 행위를 취할 수 있도록 지도해야 하는 책임이 있습니다. 구체적인 방법을 제시하고, 잘못된 점이 있다면 고쳐 주어야 합니다. 또한 무엇을 잘못하고 있는지 정확히 파악하여 어떻게 하면 제대로 독서를 할 수 있는지 알려 주어야 합니다. 그래서 결국 아이들이 주체적으로 독서를 즐기며, 그것이 몸에 밸 수 있도록 이끌어 주어야 합니다. 이 모든 일이 바로 교사의 노력에 달려 있습니다.

'읽지 않으려는 학생'에게는 왜 읽지 않는 것일까? 어떻게 하면 읽게 될까? 그 원인을 찾아보고, 해결책까지 제시할 수 있어야 합니다. 그러려면 근본적으로 아침독서를 매일 아침 계속하고 '다 함께 읽는' 연습을 계속 이어가는 것, 그리고 교사의 성실한 노력과 지도가 당연히 요구됩니다. 학생들은 언제나 교사의 노력하는 모습을 기대하며 기다리고 있습니다. 안 좋아하는 척하면서도 학생들이 학교에 오는 것은 그러한 교사의 모습을 바라기 때문일 수밖에 없습니다.

우선 '왜 읽지 않는지'를 그 학생에게 물어보고, 마음속 이야기를 솔직히 들어주는 일이 꼭 필요합니다. 이것을 위한 예비 자료로서 유효한 것이 '나의 역사'와 '나의 독서 역사'입니다. 대개는 '읽기에 집중할 수 없을 만큼 마음이 다른 데 가 있다'라든가, '독서가 불가능할 만큼 심각한 고민거리가 있는' 경우가 많습니다. 하지만 그 밖에도 독서를 기피하는 이유로 '읽을 줄 모르는 경우' 즉, '독서 능력이 없는 경우'가 있습니다. 이러한 경우는 '나의 역사'와 '나의 독서 역사'를 살펴보면 대충 파악이 됩니다. 그래서 학생의 고민을 들어주면서 힘을 모아 해결할 수 있도록 교사와 학생이 함께 노력해야 합니다.

그리고 학생이 독서 능력을 확보하기까지는 어느 정도의 훈련과 시간이 필요하다는 점을 깊이 인식하고 있어야 한다는 점도 매우 중요합니다. 사실상 이것을 자각하는 교사가 매우 적다는 것이 현실입니다.

참으로 아쉬운 일이지만, 지금까지의 일본 학교 교육에서는 '학생이 책을 읽을 수 있게 될 때까지 돌보고 성장시킨다'는 생각이 아예 없었습니다. 정말 놀라운 일이지만 이것은 사실입니다. 당연히 어떤 교사도 이러한 아이들을 돌볼 수 있는 제대로 된 방법론을 축적해 올 수 없었습니다.

그래서 많은 교사들이 '책을 읽지 않으려는 아이들'에게 책을 읽히는 방법으로 그저 쉬운 책을 권하는 게 좋지 않겠냐고 말합니다. 하지만 이 경우에 절대로 잊으면 안 되는 사실은, 그러한 아이들에게는 '쉬운 책'보다 '재미있는 책'이 더 알맞다는 것입니다. 책을 기피하는 아이들이 책을 가깝게 느끼도록 하기 위한 출발점은 '재미있는 책'이 가장 알맞습니다. 능력상 쉽게 읽을 수 있고, 독서의 즐거움을 체험할 수 있다면 그 아이도 어느 순간 독서의 매력을 깨닫게 될 것입니다.

이때도 교사를 포함한 모든 구성원들이 '모두 읽어요'를 시도하면 아침독서 본래의 특색이 살아나고, 책을 읽지 않으려던 학생들도 흥미를 갖게 될 것입니다. 교사가 혼자서 그 아이에게 재미있는 책을 권해야만 하는 것은 아닙니다. 반 친구들이 재밌게 읽은 책 한 권씩을 그 친구에게 소개해 주어도 좋을 것입니다. 왜냐하면 학생들 스스로가 소개하고 나누는 책이야말로 가장 확실하고 영향력 있는 책일 확률이 높기 때문입니다.

또한 '독서를 싫어하는 학생'에게는 어떤 책을 권하는가도 중요하지만 누가 그 책을 권하느냐는 것도 큰 의미를 지니고 있음을 꼭 기억해야 합니다.

학생·교사·학부모 사이에 생긴
소통의 그물망

아침독서는 한마디로 '다 함께 하는 의사소통'이라고도 할 수 있습니다. 즉, '교사 대 학생' '학생 대 학생' '교사 대 교사' '부모 대 학생' '부모 대 교사' '부모 대 부모' 등의 관계 속에서 각각의 의사가 소통의 그물망을 통해 서로에게 전달된다는 것입니다. 이것들은 학교생활에서 정도의 차이는 있겠지만, 반드시 나타나는 관계성들입니다. 특히 아침독서를 실시할 때에는 '책과 독서'라는 독특한 방식으로 이루어지는, 다른 곳에서는 보기 힘든 넓고 깊고 두터운 소통의 그물망을 구성할 수 있다는 특징이 있습니다.

한 가지 예로, 제가 계속 말해 왔던 '나의 역사' 쓰기 작업이 있습니다. 아침독서를 실천에 옮기려고 마음먹은 선생님들은 먼저 모든 학생들이 '나의 독서 역사'를 쓰도록 유도해야 합니다. 이것을 통해 '교사와 학생' 사이에는 그전까지 형성되어 있지 않던 의사소통이 생겨난다 해도 과언이 아닙니다. 적어도 한 학생이 독립적인 사회 구성원이 되는 데 어떤 학습이 모자라고, 어떤 교육이 필요한지를 알 수 있습니다. 학생이 어떤 책을 읽으면 좋은지를 알게 되는 것에 그치지 않고, 교사로서 무거운 책임을 다하는 데 도움을 받을 수 있습니다.

또한 '부모와 학생'의 소통에 관한 것입니다. 제 수업에서는 자주 벌어지던 일인데, 학생이 학교에서 배운 내용을 가정에 전달함으로써 부모와 소통이 이루어졌습니다. 아침독서를 실시한 학급이라면 어느 반에서든 모두 이러한 현상이 나타났습니다.

아침독서 시간에 책을 읽고 감동을 받은 학생이 집에 가서 어머니에게 "엄마! 이 책 무척 감동적이에요. 읽다가 울고 말았어요. 엄마도 꼭 한번 읽어 보세요!"라고 책을 권하는 경우가 많이 늘어났다는 것입니다. 거의 대부분의 경우 그 책을 읽게 된 어머니도 감동을 받고 책에 대한 화제로 가족끼리 소통이 가능해졌다고 합니다. 심지어는 어머니와 아이가 함께 도서관에 가서 책을 읽게 된다든가, 같이 서점에 가서 책을 고르는 등, 그 전에는 상상도 못하던 소통이 가능해졌음을 알게 되었습니다.

▶교사 대 학생

이미 여러 번 얘기한 '나의 역사'와 '나의 독서 역사'에 따른 개인별 지도 말고도 여러 소통 방법이 있습니다. 그전까지는 대화할 기회가 없었던 학생에게 "책을 준비해 왔지?", "잘 읽어 낼 수 있을까?"(어려운 책의 경우)와 같은 질문을 통해, 현실적인 맞춤형 대화를 자연스럽게 할 수 있게 됩니다.

아마도 아침독서를 실시하는 학교에서는, 교사가 학생 한 명 한 명에게 적합한 책을 권하는 일뿐만 아니라, 학생이 먼저 "선생님! 이 책 정말 좋으니까 한번 읽어 보세요!"라며 책을 추천하는 일도 생길 것입니다. 이것이야말로 '교사와 학생'의 새로운 소통의 통로가 열린 것이지요.

게다가 교사와 학생이 서로 책 내용에 대해서 소감을 나누고 의견을 내며, 때로는 진지하게 토론할 때도 있습니다. 이런 현상도 학교 전체가 함께 실시하기 때문에 나타난다고 할 수 있습니다.

▶학생 대 학생

교사로서 가장 기쁜 일은 그전까지는 견원지간이었던 '공부 잘하는 성실한 학생들'과 '공부를 못하는 불성실한 학생들' 사이의 벽을 없애고 틈을 메웠다는 점입니다. 아침독서를 통해서 양쪽 아이들 모두가 구별 없이 책을 서로 빌려주면서 소감이나 의견을 나누는 모습도 교실에서 심심찮게 볼 수 있게 된 것입니다.

이런 상황이 학교와 학급 안에서 폭넓게 일어나는 이유는, 역시

'모두 읽어요'와 '날마다 읽어요'라는 두 가지 방법의 성과라고 볼 수 있습니다. 이 방법들을 실시한 학교들에서는 적어도 시시한 일로 싸우는 행위나 왕따 현상 등이 확실히 줄어들었습니다.

그 밖에 이런 일도 있었습니다. 어떤 성실한 학생의 이야기입니다. 우리 학교에는 쉬는 시간이 되면 반드시 교무실로 와서 제게 시시한 이야기를 건네고, 다른 선생님들에게도 말을 건네기 때문에 상대를 해줘야 하는 아이가 있었습니다. 처음에 저는 이 학생이 어떤 선생님을 좋아하는가 싶어, 그게 혹시 나일 수도 있겠다는 오해를 한 적이 있습니다.

그런데 어느 날 한 학생에게 뜻밖의 소리를 들었습니다. 교무실에 자주 오던 학생은 친구들과 관계가 원만하지 않아 교실에서 늘 책만 보고 있기 때문에 다른 학생들로부터 '잘난 척한다'는 이유로 따돌림을 당했다는 것입니다. 결국 교무실에 오는 것은 친구들의 태도가 싫어서 도피한 것이라는 이야기였습니다. 상상도 하지 못한 그 아이의 비참한 상황을 듣고, 미처 그것을 헤아리지 못한 제가 참으로 부끄러웠습니다.

고맙게도 아침독서를 시작한 그날부터 그 아이는 교무실에 오지 않게 되었습니다. 기대와 불안이 교차하면서 교실에 들어갔는데, 그 아이는 책상에 앉아 책을 읽고 있었습니다. 더욱 기쁜 일은 다른 아이들과도 즐겁게 이야기를 나누는 모습을 발견한 것이지요. 물론 다른 반에서도 쉬는 시간에 책을 열심히 읽는 학생들의 모습이 많아졌다는 것은 두말할 나위도 없겠지요.

이러한 상황 역시 학교 전체가 일제히 아침독서의 원칙인 '모두 읽어요'를 실시했기 때문에 실현될 수 있었습니다. 교사의 특별한 노력 없이도 훨씬 더 많은 성과를 거둘 수 있었습니다. 저는 초임교사 시절부터, 쉬는 시간이 되면 볼 일이 있는 척하며 교실에 자주 들렀습니다. 그런데 아침독서를 시작한 뒤로는 책을 멀리하던 학생들도 열심히 책을 읽는 모습이나 독서광 친구에게 책을 빌리는 모습을 발견하고 놀라기도 했습니다.

▶교사 대 교사

'교사와 교사'의 관계에도 아침독서가 많은 변화를 가져다주었습니다. 가장 큰 변화는 교무실 분위기가 확 바뀐 것입니다. 학생들의 말에 따르면, 교사들의 책상 위가 잘 정리되고 읽던 책 한 권만 놓여 있다는 것입니다. 그전까지는 여기저기 스포츠신문이나 잡지, 필기구 등이 흩어져 있었습니다. 뿐만 아니라 교사회의 때 몇 번이나 호소해도 사라지지 않던 과자류도 책상 위에서 더 이상 볼 수 없게 되었습니다.

무엇보다 기쁜 일은, 교사들끼리 나누는 대화중에 수업에 집중하지 못하는 학생이나 성적이 안 좋은 학생의 태도나 버릇을 비난하는 내용이 거의 없어졌다는 점입니다. 더욱이 그러한 부정적인 내용들이 아침독서에 관한 대화로 바뀌었습니다.

"오늘은 ○○○가 처음으로 책을 가지고 왔지 뭐예요?"

"요사이 그 아이가 지각도 안 하고 열심히 책을 읽고 있어요."

"〇〇〇가 그런 책을 다 읽다니, 정말 놀랐어요!"

"그렇게 사이가 안 좋던 A군과 B군이 요즘 친하게 지내요. 아마도 A군이 B군에게 책을 빌려 줬던 게 좋은 계기가 된 것 같아요."

이처럼 쉬는 시간에도 교무실에선 아침독서로 이야기꽃을 피웠습니다. 물론 선생님들끼리 서로 읽는 책에 대한 소감을 나누고, 책을 추천하며 빌려 주는 일도 흔히 볼 수 있었습니다. 이런 걸 보면, 특히 고등학교에서 자주 들리는 '학급 왕국'이나 '과목 간 벽'이라는 현상을 완화시키는 데, 아침독서가 적잖은 공헌을 하고 있는 걸 알 수 있습니다.

한마디로 말해, 조금은 어둡고 무거웠던 교무실 분위기가 밝아졌습니다. 그래서 그곳에서 이루어지는 짧은 일상적 대화들도 조금씩 감동적인 내용들로 바뀌어 갔습니다. 이러한 변화는 모두가 '다 함께 하기', 특히 '교사도 함께 한다'라는 방법을 도입하면서 실현될 수 있었습니다.

특히 교사들 사이의 소통은 '아침독서 실천'이라는 공통분모 위에 동료의식을 갖고 모두가 참여하고 있다는 자각입니다. 아침독서로 인해 교사들은, 학생들의 실태 파악이나 지도 방법 등을 공유하는 것은 물론 학교 교육의 근본적인 문제점에 대해서도 일부러 회의나 토론회를 개최하지 않고 일상 속에서 자연스럽고 솔직하게 의견을 나누게 되었습니다.

학생들의 상황과 반응에 대한 의견을 일상적으로 나눌 수 있게 됐다는 점에서, 그전까지는 특수한 경우에만 확인할 수 있었던 사례들을 아침독서 덕분에 목격할 수 있었습니다. 그것은 다름 아니라, 교사(학교)와 부모(대부분 어머니)와의 소통 방식이 변화해 갔다는 점입니다.

여러 사례 가운데 가장 전형적인 사례는 신문이나 잡지, 혹은 책을 통해 아침독서를 접한 한 어머니께서 혼자도 아닌 여러 명의 학부모를 이끌고 학교로 찾아와 "우리 학교에서도 아침독서를 실시해 달라"고 요구한 경우입니다. 실제로 학부모들의 요구로 아침독서를 시작한 학교가 몇 군데 있습니다.

두말할 것도 없이, 이 경우에는 학부모들 간에도 새롭고 활발한 소통이 일어나게 됩니다. 어느 학교의 사례에서 볼 수 있듯이, 한 어머니가 담임 선생님과 교장 선생님께 드린 부탁이 아침독서 실시의 물꼬를 트게 했습니다. 그 뒤, 친하게 지내던 여러 학부모들과의 본격적인 협의로 이어지고, 학교를 공식 방문하게 된 것입니다. 물론 그때는 아침독서운동을 다룬 신문 기사나 잡지의 특집 기사 그리고 관련 도서를 들고 방문했습니다.

부모가 학교를 방문할 경우는, 좋은 일이든 나쁜 일이든 간에 대부분 자기 이익을 생각해서 가는 것이 일반적입니다. 하지만 아침독서는 '다 함께 하는 것'이기 때문에 비록 어머니 혼자서 학교에 상의하러 가더라도 '다 함께 하는 프로그램'을 제안하는 것이므로 다른 사람의 시선을 신경 쓸 필요도 없습니다. 또한 많은 사람에게 알리면 알릴수록 좋은 효과를 볼 수 있기 때문에 누구에게든 폭넓게 알리고, 그 과정에서 더 깊은 교류와 단합이 생겨납니다.

게다가 아침독서는, 학교 교육 중에서도 '독서'라는 기본적이고 일상적인 교육 요소이므로, 많은 부모들이 기꺼이 동참해 서로에게 자신감과 희망을 가질 수 있도록 해 줍니다.

우선 학부모들이 학교 교육에 직접 참여하고 지원, 봉사 활동을 한 예를 소개하겠습니다. 그 활동 중 한 가지는 '직접 읽고 들려줌으로써 아이들의 독서에 직접적으로 공헌하는 일'이고, 또 한 가지는 '도서관 정비에 관한 일'입니다. 이 두 가지 모두 아침독서 실천을 위해서 매우 중요한 일들입니다.

특히 앞서 언급한 '읽고 들려주는 일'은 여기서 제가 다루지 않더라도, 이미 그 중요성이 많은 이들에게 알려져 있습니다(유치원과 초등학교의 경우, 구연동화 행사의 부모님 참여 등—역자 주). 제가 아는 한 아침독서가 시작되기 전부터 집에서 어머니가 아이에게 그림책을 읽어 주는 것이 전국적으로 점차 확대되고 있었습니다. 그리고 아침독서가 등장하면서 어머니들이 자원해서 학교로 오시게 되었습니다. 처음에는 학교 쪽에서 약간의 거부감을 느꼈지만, 지금은 오히려 교사들이 자원봉사자 어머니들을 모집하고 있습니다. 어머니들의 활동이 이미 전국적으로 확대되었으며, 아이들에게도 많은 인기를 얻고 있습니다.

또한 학교도서관 정비에 대해서도 이제는 전국의 수많은 초등학교와 중학교에 도입되어 호평을 얻고 있습니다. 아침독서를 실시한 이후부터 학생들이 책을 읽게 되면서, 그전까지 창고처럼 방치되어 있던 학교도서관을 전면적으로 개방하고 정비하는 계기가 되었습니다.

학생들의 필요에 따라 책을 분류하는 일도 지역 학부모 자원봉사자들이 하고 있는데, 효과를 보는 학교가 수년간 급속도로 늘고 있습니다.

이러한 사업은 원래 교육행정 당국의 적절한 예산 지원을 통해 실현되어야 하는데, 그것만 기다렸다간 '때'를 놓치는 경우가 많았습니다. 그런데 아침독서 실시를 계기로 도서관 정비 사업까지 학교가 자체적으로 처리해 나가는 모습을 보였습니다.

'모두 읽어요'의
중요성과 위력

여기서 '모두 읽어요' 원칙에 관한 세 가지 중요한 점을 강조하고 싶습니다. 그 하나하나를 현장의 선생님들께서 꼭 기억해 주시기 바랍니다.

첫 번째는 '모두 읽어요'의 핵심적인 가치입니다. 즉, '다 함께 돕기' '다 함께 힘을 모으기' '다 함께 한 명을 구해 내기'라는 덕목의 중요성과 위력에 대한 내용입니다.

동화작가인 미야가와 히로 선생의 『천사가 있는 교실』(1996)이라는 작품이 있습니다. 신경아종이라는 암에 걸려 힘든 치료를 견디고 퇴원 후에도 계속 병원에 다녀야 하는 초등학교 1학년 여자아이 '아키코 짱'이 주인공으로 나옵니다.

입학식 후 2주일이 지난 어느 토요일 수업이 끝난 후, 아키코의 담임인 사토 선생님이 계시는 교실에 10여 명의 선생님들이 모였습니다. 한 달에 한 번 열리는 '국어 동아리'인데, 이 날은 아키코에 대해서 함께 생각하는 날이기도 합니다. 사토 선생님은 다른 선생님들에게 "아키코에게 기적을 일으키고 싶은데 좋은 제안을 해주시겠어요?"라고 부탁했습니다.

"역시 말의 힘이 아닐까요? 리듬이 있고 울림이 좋은 말에는 힘이 있잖아요?"

"말의 샤워를 해주면 어떨까요? 힘이 있는 고운 말들을 많이 들으면 더욱 힘이 생길 거예요. 좋은 동화와 시를 많이 읽어 주고 외울 수 있을 정도로 반복해서 읽어 주는 거예요. 분명히 힘을 주는 약이 될 겁니다."

이런 의견을 나누면서 어떤 책이 좋은지, 어떤 시가 좋은지를 사토 선생님에게 알려 주었습니다. 사토 선생님은 "예, 한번 해볼게요! 말들이 넘치는 교실을 만들고, 선생님들께도 보고할게요."라며 밝은 목소리로 답했습니다.

그다음 월요일 아침에 사토 선생님은 평소보다 훨씬 일찍 학교에 와서 종이에 뭔가를 쓴 뒤 칠판에 붙이고 교실을 나가셨습니다. 아이들이 등교를 한 뒤, 가방을 내려놓으면 자연히 칠판에 눈이 멈춥니다. 호기심을 느낀 아이들 몇 명이 칠판에 다가가 문장을 읽었지만, 내용을 잘 모르겠다는 표정입니다. 그렇게 잠깐 시간이 흐른 뒤, 드디어 아키코가 교실에 들어왔습니다.

아키코는 가방을 내려놓고 칠판을 봤습니다. 작은 목소리로 읽어 보았습니다. 느리긴 하지만 다 읽어 냈습니다. 웃음이 나왔습니다. 의미는 잘 모르지만 재미있는 것 같기 때문입니다.

사토 선생님이 교실에 왔습니다. 선생님께 보고하고 싶어서 아이들은 각자 나름대로 소리를 내서 읽어 보았습니다. 목소리는 흩어져 있지만, 힘이 넘치는 말들이었습니다. 조용히 듣고만 있던 사토 선생님이 이윽고 문장을 읽기 시작했습니다.

캇파 캇파랏타 캇파 랏파 캇파랏타

톳테 칫타 캇파 낫파 캇타

캇파 낫파 잇파 캇타 캇테 킷테 쿳타

_다니카와 슌타로

리듬에 맞추어서 목소리를 울리면서 두 번이나 읽었습니다. 기분 좋게 읽었습니다. 읽는 방법을 가르쳐 주신 겁니다. 아이들은 몸을 흔들고 손바닥으로 무릎을 치면서 리듬에 맞추어 신 나게 따라 읽었습니다. 따라 읽는 아키코의 얼굴에도 빛이 났습니다.

하지만 아키코의 상태는 갈수록 나빠졌습니다. 말조차 내뱉을 수 없는 상태가 되었습니다. 아버지는 걱정이 되어서 일도 그만두고 아키코를 간호했습니다. 사토 선생님은 1학년 2반의 모든 학생들의 목소리를 녹음한 테이프를 들고 와서 아키코에게 들려주었습니다.

"아키코가 좋아하는 노래를 불러 볼 테니까 아키코도 꼭 같이 불러 줘!"

목소리가 들려오니 아키코도 리듬에 맞추어서 목을 흔들어 보지만 결국 목소리는 나오지 않는 모양입니다.

이번에는 말놀이입니다. "캇파 캇파랏타……" 낭랑한 목소리가 아키코를 격려해 주는 것 같습니다. 바로 그때였습니다. 귀를 기울이던 아키코 입에서 자연스럽게 "캇파 캇파랏타……"라는 목소리가 튀어 나왔습니다. 말이 나온 것입니다.

"아키코! 아키야!" 부모님과 사토 선생님의 탄성이 한꺼번에 터졌습니다. 모두가 기뻐서 눈물을 흘렸습니다. "사토 선생님께서 '말의 샤워'가 힘이 된다고 하셨던 말씀이 진짜 현실이 되었네요"라며 아버지가 차분히 말씀하셨습니다. 실은 의사가 앞으로 어려울 것이라고 했었습니다. 기적이 이루어진 순간이었습니다.

아키코도 참으로 기쁜 모양입니다. 얼굴 표정이 밝습니다.

여기서 여러분께 전하고 싶은 것은, '모두 읽어요'의 중요성과 그 위력 이외에도 또 한 가지가 있습니다. 사람은 말을 통해서 힘을 얻고 활력이 생긴다는 것입니다.

특히 교사는 말을 통해 자신이 힘을 얻는 것은 물론, 경우에 따라서는 자신보다 소중한 아이들에게 힘을 줄 수가 있습니다. 친절한 교사의 한마디 말로 그때까지 우울해 있던 아이가 곧장 힘을 얻고 회복하는 모습을 저도 수차례 직접 목격했습니다. 진심이 담긴 말 한마디는 아이들과의 관계도, 아이들과 교사와의 관계도 모두 좋아지게 하는 힘이 있습니다.

모든 독서는 '말'이 있어야 온전히 이루어집니다. 아이들은 독서를 통한 '말'과의 접촉으로 사람이나 세상과 만나게 되며, 그 안에서 활력을 얻으며 자라게 됩니다. 교사는 학교 공간에서의 소중한 일상의 매 순간을 통해서 '말의 힘'을 세심하고 대담하게 활용해야 합니다. 그럴 때 큰 도움을 얻을 수 있습니다.

진지하고 열성적인 교사일수록 모든 일을 자기 혼자 힘으로 해결하려는 경향이 있습니다. 그러다 보면 쉽게 지치게 됩니다. 그러므로 잔뜩 굳어 있는 어깨를 풀고, 편안한 마음으로 인류의 유산이자 지혜인 '말의 힘'에 의지해 보면 어떨까요? 그러면 교육 효과도 높아지고 자신은 물론 아이들도 더 큰 힘을 얻게 될 것입니다.

같은 맥락으로, 아침독서에서 아이들이나 교사에게 힘을 주는 가장 큰 이유를 찾을 수 있습니다. 제 자신도 바로 이 점 때문에 아침독서에 희망을 걸었던 것입니다. 그것은 바로 아침독서가 아이들의 인격적 성장을 도와준다는 사실입니다. 인생의 성장 과정에 있는 아이들은 제각각 상황이 다르므로, 가장 적절한 선생님이 곁에 배치되어야 하는 것과 마찬가지입니다. 즉, 아이들마다 꼭 맞는 흥미로운 책이 곁에 있을 때 그 책은 아이들에게 힘이 되는 것입니다. 공평하게도 모든 아이들은 스스로 책을 선택하기 때문에 거기엔 교사가 별도의 힘을 기울일 필요는 없습니다. 학교 전체가 함께 실시하기 때문에 필요한 정보는 학교 차원에서 공유하며 논의할 수도 있습니다.

또한 '책'은 동시에 수많은 아이들을 일깨울 수 있을 만큼 존재합니다. 세계적인 고전들이 이미 잘 갖추어져 아이들의 손길을 기다리고 있습니다. 아이들을 가르쳐야 하는 입장에 서 있는 교사로서 '책'을 함께 나눈다는 것만큼 행복하고 수월한 방법은 더 이상 없을 정도입니다. 이렇게 귀하고 보물 같은 책이 학생 한 사람 한 사람을 개별적으로 돌보아 주니, 그보다 더 훌륭한 교육법은 없을 것입니다.

교사 스스로도 그때그때 필요한 책을 선택하여 읽으며 세계의 많은 선생님들이 고민하는 것들을 공유하고 배울 수 있습니다. 그래서 아침독서만큼 힘을 얻을 수 있는 좋은 방법을 쉽게 찾을 수 없는 것입니다. 제가 일본의 모든 초·중·고교에 이러한 실천 방법을 확대시키려는 이유는 아이들은 물론 교사들에게도 힘을 북돋아 주고 싶기 때문입니다.

아이들의 마음이 움직일 때까지 기다리기

두 번째로 강조하고 싶은 점은 '기다리는 것' '아이들의 마음이 움직일 때까지 기다리는 것'의 중요성입니다. 책을 읽지 않던 아이가 언제, 어떤 계기로 책을 읽기 시작하는지는 자신도 잘 모릅니다. 초등학교 1학년 아이가 아직도 책을 읽지 않았다면 6년 동안 책을 멀리한 결과라고 할 수 있습니다. 중학교 1학년 학생이라면 12년간,

고등학교 1학년이라면 이미 15년 동안 책을 읽지 않은 셈이지요. 그렇게 되면 몸 구석구석, 마음 구석구석까지 책을 읽지 않았던 습관이 '역사'가 되어 뼛속까지 아로새겨지게 됩니다.

이에 대한 해결책은 무엇보다 앞에서도 몇 번 예로 든 미국의 서드베리 밸리 학교의 실천 방법에서 찾아보면 좋을 것 같습니다.

서드베리 밸리 학교에서는 '독서장애'를 가진 학생을 20년 동안 볼 수 없었습니다. 우리는 '읽기(독서)'에 대해서도 아이들에게 자율권을 줍니다. 우리가 무엇을 '읽어라'고 권하는 일도 없습니다. 그렇다고 "자, 그럼 읽는 방법을 배워 볼까?"라거나 "지금 읽는 방법을 배우면 좋지 않을까?"라는 등의 제안도 하지 않습니다. 또한 "읽는 일은 참 신나는 일이겠지?"라며 뭔가 인위적으로 권유하는 일도 없습니다.

우리의 원칙은 단 한 가지입니다. 읽기(독서)에 대해서 학생이 단 한 걸음이라도 자기 힘으로 나아갈 때까지 기다리는 것입니다. 우리 인간 개개인은 모두가 전형으로부터 떨어져 있는 모습들을 가지고 있기 때문에 저마다 '읽기'를 시도하는 '때'가 다르다고 해서 이상할 것도 없습니다. 이른 시기에 읽기 시작하는 아이가 있는 반면, 늦게 시작하는 아이도 당연히 있는 것입니다. 하지만 모든 아이들의 공통점은 '때'가 되면 반드시 읽기를 시작한다는 것입니다. 비록 1분이라도 그 '때'를 우리가 강제적으로 앞당길 수는 없습니다. 모든 아이들이 '때'가 오면 읽기 시작한다. 그 밖에 다른 것은 없습니다.

물론 서드베리 밸리 학교가 아이들을 무조건 방치하는 것은 아닙니다. 여러 수단을 시도하며 교육하고 있습니다.

아침독서도 여러 수단을 시도하며 '다 함께 하기'와 '다 함께 도와주며 사는 것'을 실행하지만, 근원적인 지점에서는 결국 아이들마다 '읽기'를 향해 스스로 움직이기 시작할 때까지 참고 기다려야 합니다.

아침독서를 매일 '다 함께 하는 것'으로 학교나 학급이 방침을 정하더라도, 읽기 싫은 아이들까지도 강제적으로 시키는 것이 목표가 아님을, 선생님들은 꼭 기억해야 합니다.

'읽는 것이 즐겁다'는 사실을 체험하기

세 번째로 강조하고 싶은 점은 '즐겁기 때문에 읽는다' '읽고 싶기 때문에 읽는다' '모두 함께 하는 시간이기 때문에 더욱 소중히 여겨 함께 읽는다'라는 것입니다. 군이 말하자면 교사는 '읽고 싶지 않을 때는 안 읽어도 괜찮아'라는 메시지마저도 아이에게 계속해서 보내야 합니다. 저는 실제로 그렇게 해 왔습니다. 그 결과 마지막까지 읽기를 시작하지 않았다고 하는 아이는 실제로 한 명도 없었습니다.

모두가 '읽고 싶기 때문에 읽는다'는 것이 가능합니다. 그것이 아이의 자연스러운 모습입니다. 온갖 방법을 다 쓰는 가운데 가장 중요한 것은, '읽는 것이 즐겁다'는 체험을 모든 아이가 함께하는 것이라고 생각합니다. 그것은 모두가 '읽고 싶으니까 읽는다'는 수준에 이르기 위한 최선이며, 가장 빠른, 또 한편으론 필수 불가결한 방법이 아닐까요?

『아침독서가 기적을 일으키다』라는 책에 제 자신의 경험을 소개한 바 있습니다. 학년 초의 수업으로, 『생각하는 고교생』(1982년 10월호)의 특집 기사 「슬픔이여, 돌아보지 마라!」를 학급 전원이 읽도록 했습니다. 그 기사는 고교 시절에 철길 자살을 시도했던 10대 소녀의 이야기로, 양쪽 다리가 모두 잘린 채, 기적적으로 목숨을 건진 그녀가 새로운 삶을 결심하기까지의 과정이 그려져 있습니다. 몇몇 학생들이 울기 시작했습니다. 그래도 학생들은 필사적으로 울음을 참으며 자신이 맡은 문단을 읽어 갔습니다. 이날의 경험은 아침독서가 탄생한 계기 가운데 하나가 된 중대한 사건이었습니다.

'독서는 즐겁다'라는 말의 뜻에는, 유쾌하게 웃는 것만 포함된 것이 아닙니다. 마음이 동요될 정도의 감동을 받는 것, 혹은 살아갈 용기나 기쁨을 얻는 것도 독서가 제공하는 즐거움입니다.

혹은 이렇게 말해도 좋을지 모르겠습니다. '말은 살기 위해서 반드시 필요한 중요한 것'임을 아이는 아이 나름대로 체험적으로 이미 다 안다는 사실입니다. 그러므로 "다 함께 읽자!"라고 제안할 때, 대부분 아이들의 마음이 책을 읽는 방향으로 움직여 가는 것은 지극히 자연스러운 현상입니다. 어떤 아이라도 '즐겁게 살고 싶다'라는 바람을 마음속 깊이 품고 있을 것입니다. 그러므로 모든 아이들은 항상 즐겁게 배우기를 원하기 마련입니다. 여기에서 아침독서는 매일 아침 "책 읽는 것은 즐겁다"라면서 서로가 서로에게 표현하고 확인하는 것이 중요합니다.

「슬픔이여, 돌아보지 마라!」와 함께 제가 자주 활용했던 책을 소개하겠습니다. 『삿 짱의 마법의 손』(초등학교 저학년), 『루스방 선생님(기다림을 담당하는 역할. 예를 들면 자동응답기 전화를 일본에서는 '루스방 전화'라고 함)』(초등학교 중학년), 『나의 언니』(초등학교 고학년), 『5,000마리의 반딧불』(마츠시타 류이치, 중학교), 『오체불만족』(오토다케 히로타다, 중학교) 등입니다. 초등학교와 중학교에 소개했습니다만, 모두 고교생들에게도 충분히 호소력을 가진 책들입니다.

아침독서를 '다 함께 매일 아침 한다'는 원칙 아래 이런 작품을 학생 모두에게 매일 아침 조금씩 읽거나 들려줘도 좋습니다.

5

왜 '매일 해야' 하는가?

'매일 하는' 이유는?

아침독서에 대해 설명하려면 몇 번이고 그 탄생 과정을 되새겨 볼 필요가 있습니다. 왜냐하면 아침독서가 많이 확산되면서 '왜 해야 하는가?'라는 근본 물음을 망각할 수 있기 때문입니다. 그 결과 그냥 책만 읽게 하면 된다고 생각하는 선생님들이 전국적으로 많아진 것도 사실입니다.

'왜 꼭 매일 아침 해야 하는가?'라는 질문을 던지는 학교가 여전히 있고, 실제로도 일주일에 한 번만 실시하는 학교도 많아지고 있습니다. 따라서 이 질문에 답하지 않을 수 없습니다. 결론부터 말하자면 아침독서이기 때문에 '매일 아침'에 실시해야 하는 건 아닙니다. 우리는 단지 '매일 할 수 있는' 그리고 '해야만 하는' 일을 찾다보니까 결국 아침독서에 도달한 것입니다. 매일 아침에 무언가 실시하기 위해 고민하던 중, 아침독서를 발견했기 때문에 우리에게는 아침독서를 매일 아침 실시하는 게 당연한 것입니다. 극단적으로 말하면, 만일 모든 학생이 결식아동이라 밥을 먹지 못한 채 등교한다면, 저는 매일 아침 전교가 일제히 아침 식사를 하도록 조치했을 것입니다.

당시에는 매일 1,000명 이상의 학생들이 등교했기 때문에 여러 문제가 발생했습니다. 어떤 사정으로 인해 아침 식사를 못한 채 등교하는 학생이 여러 명 있었습니다. 저는 이것저것 따질 필요도 없이 아침 식사를 하는 것으로 학교생활이 시작될 수 있도록 조치했습니다.

그러면 왜 매일 아침 해야 하는 일을 찾게 된 것일까요? 이유는 세 가지로 요약할 수 있습니다.

첫째는, 솔직히 말하기 부끄러운 일이지만, 우리 학교에서는 하루를 여는 조례시간에 학생들의 잡담과 수다로 교실이 너무 시끄러워 고민이었습니다. 많은 교사들이 어떻게 하면 조용하고 차분한 분위기로 바꿀 수 있을까 궁리했습니다. 지금 생각하면 이미 매일 아침 전교생이 모두 실시하는 방법을 찾는 과정에 동기가 숨어 있던 셈입니다.

둘째는, 저를 비롯해 거의 모든 교사들에게 '우리 학교를 학생 한 사람 한 사람이 생기발랄하게 생활할 수 있는 공간으로 만들고 싶다'는 소망이 있었기 때문입니다. 특히 저는 학교라는 공간이 무엇보다도 학생들이 일상생활을 하는 공간이라는 점에 주목했습니다. 그렇기 때문에 학생이나 교사들이 더불어 생활해 나가는 데 가장 중요한 것은, 사람과 사람 사이의 교류이며, 다 함께 도와주면서 즐겁게 사는 것이 아닐까 생각했습니다. 학교를 바로 그런 공간으로 만들고 싶었습니다.

첫 번째 문제(잡담, 수다)는 아침독서라는 독특한 방법을 통해 충분히 해결할 수 있었습니다. 반드시 매일 아침 해야 합니다. 모든 학생과 교사가 동시에 함께 책을 읽어야 합니다. 이것으로 학생들의 잡담과 수다는 곧바로 없어졌습니다. 단 하나, 현장 교사들의 지도력 부족 때문에 간혹 시끄러워져서 제대로 독서에 집중하지 못하는 학급이 생긴다는 점은 해결해야 할 과제로 남았습니다.

두 번째 문제(생기 있는 학교 공간 창조)는 아직도 부족함이 많지만, 전국적으로 여러 시도가 이루어지고 있으며, 학교에 따라서는 커다란 성과를 얻고 있습니다. 이것도 매일 아침 끊임없이 이어 갔기 때문에 비로소 성과를 볼 수 있었던 것입니다.

전국의 아침독서 실시 학교 담당교사들이 한자리에 모여 회합을 가진 적이 있는데, 거기서 다음과 같은 학생들의 반응을 들을 수 있었습니다. 기대 이상의 성과를 얻고 있음을 확인하며 매우 기뻤습니다.

"매일 아침 아침독서 시간이 있어서 신 난다."

"매일 아침 아침독서로 하루가 시작되면 마음이 차분해지고 기분 좋게 하루를 시작할 수 있다."

"아침에 마음 상한 일이 있어도 독서를 하면 위로를 받고 마음이 온화해진다."

"다 함께 하니까 책에 대한 화제로 친구와 이야기를 나눌 수 있고, 새 친구도 생기고, 반 전체 분위기도 밝아졌다."

"서로가 책에 대한 소감을 말해 주고, 감동받은 책을 빌려 주고, 같이 도서관이나 서점에 가는 일로 친구들과 더욱 친하게 지낼 수 있다."

학력 향상의 돌파구
모색하기

셋째는, 학생들의 학력 향상을 위해서 거의 모든 교사들이 여러 방법을 시도해 보아도 마땅한 돌파구가 보이지 않는 상태가 계속되던 현실입니다. 저 스스로도 고등학교 교사가 된 그날부터 이 문제로 인해 시달림을 받았고, 매일 혹은 매 시간 단위로 눈앞이 깜깜해지는 벽을 느끼곤 했습니다.

다만 제가 다른 교사들과는 다른 해결책을 제안한 것은 다음과 같은 인식이 있었기 때문입니다.

하나는 학생의 학력 부족에는 '생활습관병'과 같은 요인이 관련되어 있을 거라는 인식입니다. 예를 들어 학생들은 '밤새울 때가 많아서 아침에 일찍 일어나지 못해 지각한다' '아침을 안 먹을 때가 많아 자주 감기에 걸린다' '인사를 안 한다' '자기 이름이 불려도 대답이 없다' '남의 이야기를 잘 들을 수가 없다'와 같은 생활 태도를 보입니다.

이런 문제들은 학교라는 공간의 한계와 교사와 학생이라는 관계의 한계 때문에 일반적인 방법으로는 온전히 해결할 수 없다는 특성이 있습니다. 하지만 손 놓고 있을 수도 없는 노릇이었습니다. 그래서 모든 신입생에게 '나의 역사'를 쓰게 하고, 3년 동안 기회 있을 때마다 모든 학생들에게 작문 숙제를 내는 방법을 썼습니다.

'나의 역사'를 쓰는 시간은, 자신의 지난 삶과 인생에 대해 곰곰이 뒤돌아보고 생각하는 작업입니다. 이 작업은 '학생들의 국어 능력 향상, 작문 능력의 향상'에 목표를 두기도 한 것입니다. 일석이조의 효과를 노린 것이지요. 저는 학생들의 학력 부족(아니면 공부를 싫어하는 것)이 생긴 근본 원인을 국어 능력의 부족에서 찾았습니다. '남의 이야기를 이해하지 못한다' '자신의 생각을 남에게 똑바로 전달할 수 없다' '교과서조차 제대로 못 읽는다' '쉬운 문장도 잘 못 쓴다' 이것이 학생들의 현실이었습니다. '듣기, 말하기, 읽기, 쓰기' 등 국어의 모든 영역에서 심각했습니다. 그 결과 '나의 역사' 작문 활동과 함께 전교가 모두 실시하는 '합창 축제'를 제안했던 것입니다.

하지만 문제점도 있었습니다. '나의 역사'나 '합창 축제'는 단지 1년에 한 번씩만 실시하기 때문에 졸업할 때까지 겨우 세 번만 경험할 수 있다는 점이었습니다. 이런 행사들은 매일 아침 전교의 모든 학생이 참여할 수 없습니다.

그나마 다행이었던 것은, 국어 능력 부족의 문제 가운데에 '교과서조차 제대로 못 읽는다'는 이른바 '읽기'의 문제는 수업 시간을 통해 많이 해결할 수가 있었습니다. 수업 내용과 조금이라도 연결되어 있는 글들 중에, 제가 깊이 감동받았던 작품을 많이 소개하고 읽도록 하는 것입니다. 아무리 많아도 한 달에 겨우 책 2~3권 정도의 양에 불과했습니다. 이 작업을 1년 정도 계속하면 거의 모든 학생들이 '교과서 정도는 잘 읽을 수 있는' 힘을 얻게 됩니다. 뿐만 아니라 '읽기'는 '듣기, 말하기, 쓰기'를 한층 향상시키는 데 바탕이 됩니다.

제 경험에 비춰 볼 때, 바쁜 아침 시간에 하는 조례를 차분하고 조용하게 만들고, 학력을 향상시키기 위한 방법으로는 다 함께 글을 읽음으로써 '읽기' 능력을 몸에 배도록 하는 것이 최선이라고 확신합니다.

문제는 무엇을 읽느냐 하는 것이었습니다. 매일 10분 동안이라는 제한 시간이 있기 때문에 처음에는 쉽게 실현할 수 없었습니다. 그 당시 제가 시도한 방법을 지금 생각해 보면, 기존의 관습에 기댄 방법에 불과한 것이었습니다.

우선 교사들의 찬성을 얻기 위하여 친하게 지내는 선생님 두 분에게 협력을 요청하며 대책을 의논했습니다. 그 결과 가장 설득력이 있는 제안은, 학생들에게 읽힐 교재를 만드는 것이었습니다. 처음에 생각했던 것은 같은 책을 몇 쪽씩 복사해서 읽게 하는 것이었는데, 이것은 저작권 침해가 될 수 있어서 하지 않기로 했습니다.

여러 방법을 검토한 결과, 신문이나 잡지에 나온 칼럼이나 투고란 중에서 10분 동안 읽고 바로 끝낼 수 있는 자료로서, 고등학생이 읽으면 도움이 될 만한 것들을 모아서, 각 학년마다 세 종류씩 1년 치 분량(약 200일)을 준비하기로 했습니다. 그러나 결국은 학년에 따른 자료만 달랐을 뿐, 동급생의 모든 학생이 같은 내용을 반강제적으로 접하게 되는 결과를 초래했습니다. 즉, 탈피하고 싶었던 교과서적 발상으로부터 빠져나갈 수가 없었습니다. 아마도 그 방법을 계속 이어 갔다면 동료 교사들로부터는 쉽게 찬성을 이끌어 낼 수 있었을지 모릅니다. 하지만 결코 아침독서처럼 모든 학생들의 지지와 환영을 받을 수는 없었을 것입니다.

'묵독의 시간'과
만남

아침독서운동에 획기적인 전기를 마련한 것은, 우연히 한 권의 책과 만났기 때문입니다. 바로 『아침 독서가 기적을 일으키다』에서도 소개한 『하루 15분 책 읽어주기의 힘』(짐 트렐리즈, 북라인)이라는 책입니다.

드물게도 밤을 새워 읽은 이 책의 마지막 장에 나오는 내용입니다.

맥크라켄 부부의 '묵독의 시간' 4원칙

1960년대 초에 버몬트 대학의 라이먼 C. 헌트 Jr.(Lyman C. Hunt Jr.)이 제안한 '묵독의 시간'(SSR, Sustained Silent Reading)은 독서 문제 전문가인 로버트 맥크라켄, 마린 맥크라켄 부부(Robert and Marlene McCracken)의 큰 지지를 얻었다. 많은 학교에서 여러 방법을 시도해 보고 실험을 지속해 온 부부는 '묵독의 시간' 프로그램을 실행할 때는 다음과 같은 순서로 진행해 줄 것을 제안했습니다.

● 일정한 시간에만 읽게 하는 것. 교사나 부모는 각 학급이나 가정에서 '묵독의 시간'을 정해 아이의 숙달 정도에 맞춰서 조절한다. 교실에서 할 경우에는 10분에서 15분이 적당하다.

● 읽는 재료는 아이 스스로가 선택하는 것(책, 잡지, 신문)을 원칙으로 한다. 그 시간에는 이것저것 다른 글로 바꾸지 않고, 처음 읽기 시

작한 같은 글을 읽는다. 자료는 미리 선택해 놓는다.

●교사와 부모는 읽는 자세의 모범을 보여 준다. 이것이 무엇보다도 중요하다.

●독후감이나 메모, 기록 등은 절대로 시키지 않는다.

"맥크라켄 부부의 광범위한 '묵독의 시간' 조사 결과에 따르면, '묵독의 시간' 프로그램이 가장 큰 효과를 거두는 경우는, 학교 전체가 다 함께 실시했을 때라고 한다."

"지금까지 실시해 온 '묵독의 시간' 조사 결과에 따르면, 거의 모든 학생의 독서를 대하는 태도가 바뀌었다고 보고되어 있다."

"묵독의 시간의 원리는 너무나도 단순하다. 읽기는 기능이다. 그러므로 그러한 기능과 함께 '읽는 힘'은 키워 나갈수록 늘어난다. 안 쓰면 그만큼 못하게 된다."

"하루에 10분이라고 하면 대단한 일이 아닌 것 같지만 5일 동안 계속하면 내용적으로는 거의 한 시간 정도의 독서량에 해당한다. 게다가 아이들 스스로가 선택한 책이므로 그 속에 충분히 빠질 수 있게 된다."

"묵독의 시간은 읽는 습관을 키우는 기회를 주며, 동시에 아이들에게 독서의 새로운 방식, 즉 '레크리에이션으로서의 독서'를 접하게 해 준다."

우리가 시도하려고 했던 방법들은, 이미 미국에서 시도되어 곳곳에서 큰 성과를 얻었다는 감동적인 보고도 이어졌습니다.

또한 그 구체적인 방법이 다양한 실험 결과로 검증되고 확립되어 왔음을 알게 되었습니다. 이 내용을 접하고 믿을 수 없을 만큼 행복했습니다. 매일 아침 10분간 조례 시간에 학교 전체가 일제히 독서에 집중하는 일이 아이들에게 큰 영향을 미쳤다는 것이, 이미 미국 곳곳에서 증명되고 있다니 말입니다!

게다가 '교사도 함께 읽는다' '읽을 책은 아이들이 스스로 선택한다'라고 하는, 우리가 그전까지는 상상도 못해 본 방법들이 효과적이었다고 명시되어 있었습니다. '종이 한 장 차이'라는 말을 바로 이런 경우에 쓰는 것이 아닐까요? 제가 쓴 책 『아침독서의 원점을 찾아』에 소개된 '학생 스스로가 배울 것을 선택한다'라는 내용은 제가 이미 수업에서 실천하고 있었습니다. 그렇지만 학교 전체가 일제히 책을 읽을 때는 학생 스스로가 책을 선택한다는 것을 왜 생각해 내지 못했는지 참 어리석었다는 생각이 듭니다.

따라서 우리는 아침독서를 위한 교재를 준비할 필요도 없어졌습니다. 미국에서 이미 성공했다면, 교사들을 설득하기 어려웠던 장벽이 이미 사라진 것과 다름없었지요.

학력 향상을 위한 기초 다지기!

제 판단으로는 학생들의 학력 부족의 원인은 각 과목의 학습량 부족이라는 표면적인 이유가 아니었습니다. 고등학교 교사들은 자기 교과목만 잘 가르치면 된다는 근본적인 오해를 하고 있기 때문에, 학생이 하나의 과목을 제대로 못 따라오면 공부를 제대로 안 하기 때문이라고 쉽게 생각합니다. 그래서 학생에게 그 과목에 대해 학습량을 늘리라고만 요구했습니다.

그런데 저는 처음 교사가 되었을 때, 학생들이 원하면(서예와 미술 과목은 빼고) 어떤 교과목이든지 시간이 있을 때 보충수업을 해 주었습니다. 아마도 젊은 시절이었기 때문에 가능했는지도 모르겠습니다. 제 담당 과목은 영어였지만 '국어·수학·과학·사회' 등의 보충수업을 많은 학생들로부터 요청받았습니다. 물론 시간의 한계가 있으므로 모든 학생의 기대에 부응하려면 지혜로운 방법이 필요합니다. 단순히 학생들이 잘 이해하지 못하는 부분을 곧장 알려 주는 것이 아니라, 어떻게 공부하면 효율적인지 깨닫게 해서 학생 스스로가 그 방법대로 실행하도록 지도했습니다.

그 결과 새롭게 알게 된 것은, 특정한 교과 내용을 이해 못하는 것을 곧 학생들의 학력 부족으로 결론지어서는 안 된다는 사실이었습니다. 단순한 학습량보다는, 능동적으로 공부하려는 자세가 몸에 배어 있지 않다는 점이 가장 큰 문제였습니다. 이것은 제가 여러 과목의 보충수업을 해주는 과정에서 알게 된 것입니다. 만약 저도 한 교과목만을 집중적으로 가르쳤다면, 제 과목인 영어의 학습량에만 관심을 가진 채, 모든 과목을 습득해야 하는 아이들의 입장은 모르고 지나쳤을 것입니다. 아직도 많은 고등학교 교사들이 자기 과목에만 집중해서 다람쥐 쳇바퀴 돌리듯 아이들을 공부시키는 모습을 보면 쉽게 알 수 있습니다.

'능동적으로 공부하려는 자세가 몸에 배어 있지 않다'는 것에는 크게 두 가지 요인이 있을 것이라고 생각합니다.

하나는 '생활습관병'이라고 볼 수 있는데, 학생이 공부에 집중하지 못하고 자신을 조절 못하는 현상입니다. 또 하나는 모든 학습의 기초이자 필수 수단인 '국어 능력' 부족입니다. 앞서 언급한 '능동적인 학습 능력' 부족이 '생활습관으로 인한 병'이라면, 당연히 생활습관을 고쳐 가는 방법밖에는 없을 것입니다.

한 가지 예를 들어봅시다. 제 기억으로는 어렸을 때 아침에 일어나면 가장 먼저 세수부터 했습니다. 여름철에는 상쾌한 물의 차가운 감각을, 겨울철에는 피부가 아릴 정도의 고통을 통해 정신을 번쩍 차리게 한 '물의 감각'을 나이 먹은 지금까지도 잘 기억하고 있습니다. 그런데 언제부터 아침에 일어나 이를 닦기 시작했는지에 대해서는 아무런 기억이 없습니다. 초등학교 4, 5학년 때 아침에 일어나 우물물을 받아, 여름이든 겨울이든 얼굴을 담그고 눈을 깜박깜박하던 시절을 잘 기억합니다. 그리고 형과 누나가 그 옆에서 이를 닦던 모습도 선명히 기억합니다. 그런데 이상하게도 제가 이를 닦던 모습에 대해서는 어떤 기억도 떠올릴 수가 없습니다. 당시에는 아침에 일어나면 이를 닦는 일이 일상이었습니다. 밤에 잠들기 전에도 이를 닦는 아이는 매우 훌륭한 아이로 칭찬받았습니다. 평범한 코흘리개 악동이었던 저는 단 한 번도 잠자기 전에 이를 닦아 본 적이 없었습니다.

그러던 어느 날 갑자기 상황이 바뀌었습니다. 아침에 일어났을 때나 잠들기 전에 이를 닦는 것만이 아니라, 아침, 낮, 저녁 하루에 3번, 식사 후 3분 안에 이를 닦기 시작한 것입니다. 그것도 3분 동안 꼼꼼히 잘 닦습니다. 말 그대로 생활습관의 대혁명이 일어난 것이지요.

어떻게 이런 일이 일어날 수 있었을까요?

한마디로 말하면 학교 교육의 위대한 성과라 할 수 있습니다. 제가 지금까지 학교 교육에 큰 신뢰와 기대를 거는 근본적인 이유는, 바로 이 닦기처럼, 사람으로 살아가는 데 필수적인 능력을 지닐 수 있게 학교가 도와주었기 때문입니다. 아침독서를 전국적으로 보급하려는 열정도 바로 그러한 생각에 뿌리가 있습니다.

초등학교 6학년 어느 봄날 전교 조례 시간에 교장 선생님의 훈화 대신 치과 의사 선생님의 말씀이 있었습니다. 의사 선생님은 이를 닦는 것이 얼마나 중요한지 이해하기 쉽도록 재미있게 이야기해 주셨습니다. 모든 학생이 조용히 의사 선생님의 말씀을 경청했습니다. 그리고 끝으로 강조한 내용은 '3-3-3 운동', 즉 '매일 아침, 점심, 저녁 식사 후 3번을, 3분 안에, 3분 동안' 이를 닦자는 말씀이었습니다.

의사 선생님이 해준 이야기에 사로잡혀서 저는 그날 저녁부터 그 말을 실행에 옮겼습니다. 그다음 날 점심 시간에는 같은 반 여자아이들 몇 명도 도시락을 먹은 직후 이를 닦았습니다. 그런데 같은 2층에 있던 반(6학년 1반부터 5반까지) 가운데서 남자아이는 저밖에 없었던 것 같습니다.

그 뒤 오늘날까지 너무 급한 용무가 있지 않는 한, 하루도 거르지 않고 이 습관을 계속 이어 왔습니다. 지금 생각하면 이러한 생활습관의 변화가 어떻게 이루어졌는지 정확히 기억나지는 않지만, 역시 어렸을 때 '3-3-3 운동'에 관한 이야기를 들은 것 이외에는 이러한 습관을 갖게 될 만한 계기가 딱히 없었던 것 같습니다. 그러므로 교과목과 관계가 없다 하더라도 '학교 교육'을 통해 훌륭한 치아 관리 습관을 갖게 된 것은 정말 중요한 경험이라고 생각합니다.

그래서 저는 교사가 된 이후에도 이렇게 좋은 습관을 제가 맡은 반 아이들에게 소개하고 적극 권유했습니다. 그리고 점심 시간은 교실에서 학생들과 함께 먹는 것이 소중한 소통의 시간이 된다고 믿었기 때문에 늘 함께했고, 식사를 마친 후 교실 근처에 있는 수돗가에서 학생들과 같이 이를 닦았습니다. 강제적으로 시킨 일이 아니었기 때문에 학생들은 자유롭게 참여했으며, 그 결과 10명 전후 학생들이 항상 저와 함께 이를 닦았습니다. 그 학생들은 졸업한 뒤에도 제게 감사하다는 말을 전했습니다.

아침독서도 마찬가지입니다. 매일같이 아침에 독서를 하다 보면, 자연스럽게 습관처럼 몸에 배게 되고, 하루라도 아침에 책을 보지 않으면 개운하지 않을 만큼 생활의 일부분으로 받아들입니다. 자신의 생활습관이기 때문에 자연스럽게 그 중요성이나 즐거움을 몸과 마음으로 느끼며 경험하게 됩니다.

초등학교 등에 강연을 하러 가면 '기본적 생활습관의 정착'이라는 교육 목표가 교실 벽에 걸려 있곤 합니다. 저의 성장 과정을 뒤돌아볼 때, 또한 제 딸들의 성장을 되새겨 보아도 이러한 학교 교육의 목표는 평생 도움이 되는 일이라 고마움을 느낍니다. 물론 '습관'이란 가정교육(식습관, 자세, 인사 등)이 그 기초가 되겠지만, 가족 이외의 사람들과 함께 어울리는 집단생활 속에서만 익힐 수 있는 습관도 분명히 있습니다. '공부'에 대한 습관도 그렇고, '독서'에 대한 습관도 학교와 같은 단체 생활에서 익혀 가야 할 좋은 습관입니다.

그렇지만 일본의 학교 교육에서는 '기본적 생활습관의 확립'이라는 교육 과제가 초등학교에서만 부지런히 시행되고, 중·고등학교로 올라가면 교과목 중심이 되어 거의 무시되는 경우가 많습니다. 하지만 '생활습관'이란 것은 '초등학교 → 중학교 → 고등학교'로 나아 갈수록 더욱 안 좋아지는 경향이 있습니다. 그러므로 중·고등학교에서 생활습관에 대한 지도가 더욱 중요하게 취급되어야 하지 않을까요? 그럼에도 중·고등학교의 교육 내용은 입시 교육에만 천착되고 있어 생활습관 지도는 거의 부실한 것 같습니다.

그런 면에서 우리의 아침독서운동에는 그러한 '생활습관병'을 고쳐 주는 역할도 포함되어 있습니다. 매일 아침 계속되는 아침독서를 통해 좋은 생활습관이 몸에 배게 되지요. 책상 위에서 하는 공론이나 단순한 수다로 끝내 버리면 전혀 소용이 없으며, 매일 실천하여 습관화할 때에 비로소 아침독서의 필요성과 중요성을 정확하게 인식하게 됩니다.

빈곤한 국어 교육의
장벽을 넘어서

이번에는 학교 교육에서 가장 중요한 문제를 다루고자 합니다.

앞에서 다룬 '능동적으로 공부하려는 자세가 몸에 배어 있지 않은' 두 가지 요인 중 또 하나는, '모든 학습의 기초이자 필수 수단인 국어 능력의 부족'이라는 점입니다.

가장 전형적인 예는 해마다 늘어나는 다음과 같은 현상입니다.

● 남의 이야기를 경청하지 못하고, 들어도 정확하게 이해하지 못한다. 쓰인 단어의 의미를 이해 못하거나 내용을 이해 못한다.

● 자신의 생각이나 의견을 정확하게 남에게 전달할 수 없다. 어떻게 보면 매우 기본적인 조사들의 용법을 틀리는 경우가 많다. 더욱 심각한 문제는 사람 앞에서 제대로 목소리를 못 내는 것이다.

● 교과서조차 잘 읽을 줄 모른다. 특히 한자에 약하다. 놀라운 것은 초등학교, 중학교 수업 중에 목소리를 내서 책을 읽은 경험이 거의 없는 아이들이 늘어나고 있다. 한 권의 책도 제대로 읽어 본 적이 없는 아이도 늘어나고 있다.

● 쉬운 글조차 쓸 줄 모른다. 특히 한자를 모른다. 초등학교, 중학교 시절에 작문해 본 경험이 없다는 아이들도 있다. 심지어 편지를 한 번도 써 본 적이 없는 아이들도 있다.

이러한 예들은 실제로 제가 교사로 재직 중이던 30여 년간 만난 학생들의 실제 모습입니다. 무엇보다 가장 심각하게 느낀 것은 최근에도 이런 경향이 전혀 개선되지 않는다는 점입니다.

제가 맡은 아이들에게는 반드시 시켰던 '나의 역사' 작문 결과를 보면서 추측컨대, 이런 사태의 근본적인 책임을 초등학교와 중학교 시절의 국어 시간에만 돌릴 수 없습니다. 중요한 원인은 모든 교과목의 수업들이 시험에 대처하기 위한 방식(객관식 문제 맞추기 등)으로 진행되면서, 전 과목을 배우는 과정에서 '듣기, 말하기, 읽기, 쓰기'라는 네 가지 기본적인 국어 경험을 잃어버리고 만 것입니다.

이런 상태라면 모국어로서의 '국어 능력'이 늘어날 리가 없습니다. 언어 능력도 하나의 기능이기 때문에 훈련시키면 늘고, 훈련시키지 않으면 전혀 늘지 않는 것이 당연합니다. 일본의 학교에서 이루어지는 국어 교육 실태는 여전히 시험 대비를 위한 공부에 편중되어 '듣기, 말하기, 읽기, 쓰기'를 위한 훈련이 제대로 안 되어 있습니다. 게다가 아이들의 일상생활을 보아도 언어를 사용한 소통이 점점 줄어들고 있습니다.

교사로서 저는 이러한 사태를 개선하기 위해 수업을 준비하면서 동시에 아침독서 실천과 보급에 노력하고 있습니다.

예를 들어 '수영 연습만 줄곧 하면, 결국 스키는 탈 수 없게 되는 것'과 마찬가지입니다. 남의 이야기를 듣는 '듣기 능력'을 키우기 위해서는, 일상 속에서 남의 이야기를 듣는 경험을 계속하는 것이 가장 중요합니다. 말할 수 있게 되려면, 즉 '말하기 능력'을 키우기 위해서는 말하기 연습을 해야 합니다. 읽을 수 있게 되려면 읽는 연습(낭독)을 반복해야 하며, 쓸 수 있게 되려면 쓰기 연습(작문)을 계속할 필요가 있습니다.

그리고 가장 마음이 아픈 실태는, 요즘 아이들의 상당수가 언어 능력을 키우기 위해 필요한 구체적인 훈련을 제대로 못 받은 상태라는 사실입니다. 제가 학교 교육 과정에서 어느 정도 '듣기, 말하기, 읽기, 쓰기' 능력이 몸에 밸 수 있었던 것은 결국 학교에서 세심하게 훈련시켜 주신 선생님들의 가르침 덕분임을 새삼 깨닫게 되었습니다.

저의 경험상 이러한 언어 능력에 관한 습관도, '이 닦기' 습관과 같은 원리이며, 학교 교육의 내용에 따라 그 결과가 하늘과 땅 차이만큼 될 수 있습니다.

저는 초임교사 시절, 현장에서 빈곤한 국어 교육 실태를 확인하고 다음과 같이 문제점을 제기했습니다.

(1) 국어는 하나의 교과목으로서 다른 교과목과 병렬적으로 다뤄지고 있을뿐더러, 모든 과목(체육이나 미술도 포함)의 기초가 되는 것이라는 바탕 인식이 없거나, 있다 하더라도 매우 희박하다.

(2) 수업 내용의 중심은 '국어 시험(대체로 교과서에 준한 표준시험)' 점수를 올리기 위한 시험 대책에 불과하다.

(3) '듣기, 말하기, 읽기, 쓰기'의 기본적인 활동을 수업의 중요 과제로 삼고 있지 않다. 훈련시키는 것은 한자를 읽고 쓰도록 하기 위한 연습장의 관리 정도이다(나는 이런 훈련조차 필요 없다고 생각한다).

(4) 저는 이미 오래전 핀란드 교육의 현실을 알게 된 뒤부터, 일본

의 국어 교육에서 독서 지도의 필요성과 중요성에 대한 인식이 부족하며, 심각하게 무시당하고 있음을 안타깝게 생각했다. 국어 교육은 결국 학교 교육의 전부라고 해도 과언이 아니기 때문이다. 이러한 실태가 정말로 마음에 걸린다.

(5) '듣기, 말하기'의 기본적인 능력을 일상적으로 훈련시킬 필요성이 있다는 인식이 부족하다. 이와 동시에 독서를 할 때의 음독연습이 결정적으로 부족하여 학생들이 묵독하는 능력을 키우는 데 어려움을 야기한다.

(6) 학생들의 의견을 발표시키는 훈련이 없는데다가, 자신의 소감이나 의견을 글로 만드는 작문 능력을 키우는 훈련도 일상적으로 필요하다는 자각이 없다.

(7) 정리하면, 국어를 사용하는 일상생활에서는 물론 학교에서의 지식적인 학습 과정상 반드시 필요한 모국어 습득에 관한 인식이 별로 없다. 그 결과 언어 능력 전반에 이르기까지 일상적, 구체적 훈련이 결정적으로 부족하다. 이것은 섬나라에서 살아오다 보니 다른 민족(국가)과 거의 교류가 없었던 일본의 역사적 풍토와 특성을 통해서도 이해할 수 있다.

모든 아이들이
'읽는 힘'을 키운다!

일본 학교의 국어 교육 전체에 이르는 취약함과 빈곤이, 섬나라에 살아온 일본 민족의 지리적, 역사적 특성의 결과로 형성된 것이라면 그 일부인 독서 교육이 경시되어 온 것도 어쩔 수 없었을 것입니다. (대한민국도 사실상 60년 이상 고립된 섬나라로 전락해 있어 이 점에 있어서 유사한 측면이 있다.-역자 주)

여기서 깊이 다룰 만한 여유가 없지만, 국어 교육의 빈곤을 극복하는 일에 대해서는 앞으로 교육 개혁에 기대할 수밖에 없습니다.

'듣는 힘'과 '말하는 힘'을 훈련하려면, 학교 전체가 일제히 시행하는 방법만으로는 적합하지 않으며, 개인적·인간적 교류를 거쳐야 하며, 개인이 쓴 글이나 발표에 대한 개별 지도가 필요합니다. '읽는 힘'에 대해서는 다른 어떤 독서 지도보다도 학교 전체가 모두 시행하는 아침독서 실천이 큰 성과를 내고 있다고 할 수 있습니다.

아침독서를 매일 아침에 해야 하는 가장 주된 목적은 모든 아이들에게 책 읽는 힘을 키워 줘 아이들이 책을 읽을 수 있게 만들어주기 때문입니다.

그러면 '모든 아이들이 책을 읽을 수 있게 만든다'는 의미는 실제로 어떤 의미일까요? 지금까지 다루지 않았던 이 문제에 대해서 이제부터 한 걸음 더 나가 볼까 합니다. 이를 통해 누구나 아침독서는 매일 아침 해야 할 필요가 있음을 인정할 것입니다.

⑴ 먼저 초등학교 1학년부터 고등학교 3학년까지 어느 학년이든지, 사용하는 교과서를 모두가 잘 읽을 수 있어야 합니다.

⑵ 교과서 수준의 책은 필요에 따라 잘 읽을 수 있어야 합니다.

이 주장에 대해서는 아무도 이론의 여지가 없겠지만 '잘 읽을 수 있다' '편하게 읽을 수 있다'라는 것이 어느 정도 수준인지는, 사람에 따라 의견이 다를 수 있습니다.

대충 구별해 보면, 제 생각으로는 국어 시험으로 70~80점 이상, 'ABC' 3단계 평가로 한다면 A, '1-2-3-4-5'의 5단계 평가로 한다면 4 이상이 될 것입니다. 더 편하게 말하자면 초·중·고교 어디서도 평균점 전후에 있는 학생들에 대해서는 책을 읽을 수 있는 능력이 충분하다고 결코 쉽게 말할 수 없을 것입니다.

그렇다면 이 사태가 얼마나 심각한지를 깨닫게 됩니다. 이미 초등학교 1학년부터 독서 능력이 부족한 학생이 나오기 시작했고, 중·고등학교 때에는 기하급수적으로 많아지기 때문입니다. 이 사태를 근본적이고 구체적으로 해결하기 위한 방법은, 적어도 일본이 지금까지 해왔던 학교 교육 시스템 안에는 존재하지 않습니다. 그래서 학교 교육의 부족한 점을 메우기 위해 아침독서가 등장했고, '읽기 능력 향상'을 목표로 삼은 것입니다. 그리고 실제로 그 목표의 달성이 가능하다고 주장한 것입니다.

주목해야 할 점은 우리가 아침독서를 통해 '모든 아이들이 책을 읽을 수 있게 되었다'고 할 때의 '모든 아이들'이란 말 그대로 '모두'를 의미합니다. 시험을 치면 늘 0점에 가까운 아이들, 3단계 평가로는 C, 5단계 평가로는 1단계에 속한 아이들도 포함한 목표입니다.

그렇다면 이 아이들이 일주일에 한두 번 정도 10분 동안 독서를 1년 정도 지속한다면 과연 읽기 능력이 향상될 수 있을까요? 일주일에 한두 번 정도의 기회만으로는 교과서조차 잘 읽게 될 수 없습니다. 최하위 단계의 아이들은커녕 평균 수준의 아이들에게서도 능력 향상을 쉽게 기대할 수 없습니다.

여기서 새롭게 알게 되는 사실은, 지금까지 일본 학교 교육에서는 '독서 시간'이라는 교육 과정이 설정된 적이 없었다는 사실입니다. 뿐만 아니라 가정을 비롯한 일상생활 속에 독서를 정착시켜야 한다는 감각조차 없었습니다. 어떻게 보면 지금까지 가정생활과 학교생활 속에서 아이들에게는 '독서에 집중할 수 있는 시간', 그 자체가 존재하지 않았다고 말할 수 있습니다.

저의 소년 시절만 생각해 보아도 아이들이 평소에 책을 읽지 않는 것이 당연했고, 책을 즐겨 읽는 아이는 매우 예외적인 특수한 존재였던 것 같습니다. 그것은 독서가 다른 특기와 같이 하나의 취미로 여겨졌기 때문일 수도 있습니다. 하지만 '독서'는 모든 아이들이 숨을 쉴 때 공기를 들이마시듯 필수적으로 해야 하는 일임을 깨달아야 합니다.

기초체력과 인내심
키우기

아이들의 국어 공부는 학교에서 하는 국어 수업에 한정되어 있었으며, 수업 시간에도 별도로 독서를 시키는 일은 거의 없었습니다. 그렇지 않아도 기초적인 국어 능력을 제대로 습득시키기에도 현재의 국어 수업 시간은 매우 부족한 상태입니다. 그래서 국어 수업 시간을 한 시간 추가하자는 논의는 끊임없이 있었지만 현실적으로 이루어지기 어렵습니다. 학교 수업 시간 중 한 시간을 독서 시간으로 편성하자는 것도 큰 문제가 되어 벽에 부딪히기 마련이었습니다.

그리고 더욱 근본적으로 '독서 능력'을 향상시키기 위해 일주일에 한 번 독서를 한다고 해서 그것이 얼마나 효과적일까 하는 것도 의문이긴 합니다. 제 자신도 이러한 접근 방식에 대해서는 회의적입니다.

일주일에 한 번 정도, 한꺼번에 50분간 독서하는 것과 매일 10분씩 5일 동안 독서하는 것을 비교하면 저의 경험상 후자가 훨씬 효과적입니다. 실증적인 수치로 나타내긴 어렵지만 경험상으로 판단해 볼 때, 독서 능력 향상에 있어 두 방법은 굉장한 차이를 드러냅니다.

그러한 차이의 근본적 원인은, 일주일에 한 번만 독서하는 방법의 경우는 독서가 수동적인 학습으로 전락할 수 있다는 점입니다. 이에 비해 매일 아침 10분씩 독서를 하는 방법은 일상적인 습관으로 정착시킬 수 있는 가능성이 높습니다.

이 점에 대해서는 학생들의 학력 부족 원인을 일종의 '생활습관 병'으로 진단하고 근본적 치료를 위해 매일 아침 빠짐없이 지속적으로 체험시킬 필요가 있습니다. '치료'를 위해 학교는 학교 전체가 일제히 실행한다는 특별한 방법을 정책으로 채택할 수 있습니다. 여기서 강조하고 싶은 것은, '몸으로 익힌다'는 말처럼 '학력 부족'이라고 할 때의 '학력'이란 단순한 지식의 양이나 이해력의 정도를 말하는 것이 아닙니다.

스포츠 분야를 예로 들면 이해가 쉬울 것입니다. 스포츠에는 야구나 축구 등 수많은 종목이 있습니다. 그런데 어떤 종목이든 특별한 고도의 기술도 필요하지만 이에 앞서 '기초체력'이나 '지구력(인내심)'이 꼭 필요합니다.

말하자면 아침독서는 '일정한 시간의 학습에 견딜 수 있는 기초체력과 인내심' 혹은 '배우는 힘'을 키우는 것이라고 할 수 있습니다. 옛날처럼 일정한 '자연성장'의 문제로 그대로 방치할 수 없는 시대를 우리는 살고 있습니다. '기초체력'이나 '인내심' 등은 날마다 훈련을 하지 않으면 결코 몸에 배지 않습니다.

한 가지 예를 들어봅시다. 아침독서를 1년 또는 3년 동안 실행해 온 학교에서 학생들에게 자유롭게 소감을 쓰게 하면 그 가운데 "집중력이 생겼다"고 답하는 학생이 꼭 있습니다. 아무 조건 없이 쓰라고 얘기하지만 본인들이 자각한 효과가 확실하게 있다는 사실이 잘 표현되어 있습니다. 이것은 아침독서가 자랑스러워할 만한 중요한 성과입니다. 더욱 구체적으로 "50분 수업도 이제는 고통스럽지 않다"

혹은 "집에서 2~3시간 책상 위에 앉아 공부해도 이제는 거뜬하다" 라고 답변한 학생도 있습니다.

이러한 사례들이 아침독서를 실시하는 거의 모든 학교에서 나타난다는 점이 참으로 중요합니다. 초·중학교 9년이라는 오랜 시간에 걸쳐 이러한 기초체력이나 인내심이라는 '배우는 힘'을 키울 수 없었던 아이들은, 고등학교에서 배우는 높은 수준의 내용을 당연히 고통스럽게 느낄 수밖에 없습니다. 그러므로 아이들에게 어떤 힘부터 키워 주어야 하는지에 대해서, 교사는 매우 진지하게 고민하고 대처해 나가야 합니다.

스포츠의 경우는, 겉으로 곧장 드러나기 때문에, 능력의 습득 여부도 금방 알 수 있어 어떤 선생님도 엉터리로 지도하지 않을 것입니다. '달리기 능력'이 떨어지는 아이에게는 높은 수준의 기술을 곧장 가르치지 않을 것입니다. 우선 매일 가볍게 러닝을 시키고, 점점 그 아이에게 맞는 훈련을 시키며 기초체력을 키울 것입니다. 그런 이후에 달리는 거리와 속도를 조금씩 늘려 나가며 능력을 향상시킬 것입니다.

그런데 이러한 스포츠 지도에서의 배려가 일반 지식 학습의 장으로 오면, 놀랄 만큼 실행이 안 되는 모습을 교사들에게서 자주 발견됩니다. 몇 십 명에 달하는 학생들을 동일한 진도에 맞춰서 가르쳐야 한다는 제도상의 문제도 있긴 하지만, 개별 학생들의 이해 능력에 대해서는 거의 관심을 갖지 않는 교사가, 특히 고등학교에서 많이 보입니다.

책상 위에서 참을성 있게 공부하지 못하는 아이에게는, 먼저 그것을 할 수 있는 기초체력을 길러 주어야 합니다. 아침독서가 '매일 아침 한다'는 원칙과 방법을 제시하는 것은, 바로 이러한 근본적인 과제를 해결하려는 확고한 문제의식이 포함된 것입니다.

'매일 계속하기'를 통한 성장

아침독서를 매일 아침 실천하는 마지막 이유는, 앞서 말한 바와 같이, 보통 학급에서 책을 읽는 능력이 가장 떨어진 아이라 할지라도 교과서 정도는 거뜬히 읽어 낼 수 있도록 하기 위해서입니다.

현장에서 지도해 본 선생님들은 잘 아실 테지만, 아침독서를 매일 아침 10분 동안 3년간 계속하는 것은 말처럼 쉽지 않습니다. 학생들 개개인의 차이도 있고 아침독서 이외의 시간을 어떻게 쓰는지에 따라, 여러 복잡한 원인들이 얽혀 있기 때문입니다.

단지 여기서 확실히 말씀드릴 수 있는 것은, 적어도 제가 인식하는 한 지금까지의 학교 교육(초·중·고교 전부)에서 학생들이 '책 읽기 훈련'을 하는 시간이 정규 수업 일정에는 전혀 포함되어 있지 않았다는 점입니다.

따라서 앞으로 실시하겠다는 전망이나 어느 정도만 훈련시키면 충분하다는 등의 논의를 할 만한 자료조차 없었던 것이 사실입니다.

이러한 현실 속에서 우리는 모든 학생에게 '책을 읽을 수 있는 힘'을 키워 주기 위한 시간으로 매일 아침 제대로 활용도 못한 채 공중에 붕 떠 있던 조례 시간에 관심을 쏟았던 것입니다. 교사 재량으로 의미 없는 출석 호명 등으로 시간을 때우는 데 급급했던 '조례 시간 10분'밖에는 독서 교육을 위한 시간을 할애할 수 없었다는 점이 우리가 아침독서를 떠올리게 된 결정적인 요인이었습니다. 그래서 충분한 정규 시간 확보는 포기한 채 어떻게든 아침 시간이라도 활용해야 하는 상황이었습니다.

이런 상황에서 저에게 희망을 준 것은 매일같이 만나는 학생들의 힘이었습니다.

예를 들어 엄격한 입학시험에서 겨우 해방되어 학교에 입학한 학생들 중에는, 태어나서 처음으로 좋아하는 스포츠를 마음껏 할 수 있게 되었다고 하는 학생도 있습니다. 테니스, 탁구, 배구, 농구 등 여러 종목의 스포츠에는 공통점이 하나 있습니다. 처음 스포츠 클럽에 입회했을 때는 뭐가 뭔지도 모른 채 실수를 연발하는 신입생들을 선배들이 매일매일, 하나하나 지도해 준다는 점입니다. 그래서 1년 뒤에는 신입생들이 몰라볼 정도로 성장해 있다는 사실입니다.

매일 학생들이 연습하는 모습을 보던 제게는, 하루하루의 성장이 더디고 별 차이가 없어 보였습니다. 하지만 3개월, 6개월, 1년이 지나면서 어느새 학생들의 실력은 몰라보게 성장해 있었습니다. 그러한 성장 과정 중에 있던 아이들의 가능성을 눈앞에서 확인하면서 얼마나 큰 감동을 느꼈는지 모릅니다. 그것이 바로 매일같이 연습하고 노력해서 얻은 결실이었다고 저는 믿습니다. 일본에서 처음으로 프로 테니스 선수가 된 가미와즈미 쥰 씨는 다음과 같은 말을 한 적이 있습니다.

"프로가 된 뒤에도, 하루라도 연습하지 않는 날이 없습니다. 왜냐하면 하루만 쉬어도 실력이 떨어졌음을 스스로 느끼기 때문입니다. 이틀 정도 쉬면 상대방 선수도 실력이 떨어졌음을 눈치 채게 됩니다. 사흘 쉬면 시합을 관전하는 관객들까지 실력이 떨어졌음을 알게 됩니다."

자신의 힘을 키우려는 학생들은, 하루도 빠짐없이 매일같이 계속하는 일이 얼마나 중요한지를 가르쳐 주는 말입니다. 또 하나, 스모 챔피언 지요노후지가 한 말을 신문에서 보았습니다.

"연습을 하루라도 쉬면, 쉬기 전의 상태로 회복시키기 위해 3일은 더 연습해야 합니다."

유명한 스모 챔피언인 지요노후지 선수의 말이라 더욱 설득력이 있습니다. 매일 연습하는 것이 얼마나 중요한지를 증명하는 말입니다.

또한 몇 번이고 반복해서 말한 것이지만, 제가 경험한 것도 참고해 주길 바랍니다. 그것은 책을 읽는 '절대량'의 문제입니다. 매일 빠짐없이 되풀이하면서 연습하는 일이 반드시 필요한 조건임과 동시에, 일정한 양을 읽는 연습도 꼭 필요하다는 것입니다. 아무리 매일

했다 할지라도 1년에 책 한 권만 읽는 정도로는 읽기 능력을 키울 수가 없습니다. 저의 경험상, 책이라곤 전혀 읽어 본 적이 없던 학생이 실력을 키우기 위해서는, 적어도 한 달에 2~3권, 1년에 30권 정도는 읽을 필요가 있습니다. 물론 그 학생의 독해력에 맞는 수준의 책 가운데서 좋은 책을 고르는 것이 가장 좋습니다.

그 정도의 독서량을 가지려면 적어도 매일 아침 10분 정도의 독서 시간을 보장해 줘야 합니다. 그렇게 되면 거의 모든 학생이 책의 매력을 깨닫게 되며, 아침독서 시간 이외에도 책을 읽기 위한 시간을 어떻게든 스스로 확보하려고 노력하게 됩니다.

6

좋아하는 책을
읽어야 하는 이유

'책을 읽을 줄 모르는'
아이들

지금까지 일본 학교 교육에서 이루어진 독서 지도가 불모지와 같은 상황에서는 그나마 귀한 시도였다는 점은 인정합니다. 하지만 현장에서 목격한 독서 지도는 참으로 신기하기 그지없었습니다. 우선 '과제도서' '필독도서' 혹은 '추천도서'라는 이름의 책들을 지정하는 것도 이상하게 느껴졌고, 그것을 학생들에게 강제하는 지도 방법이 일반적으로 만연해 있다는 점도 의아했습니다. 물론 지금도 이러한 방식의 '독서 지도'는 수많은 교사들에게 하나의 '상식'처럼 여겨지며, 은연중에 위력을 발휘하고 있습니다.

또 신기했던 것은, 어렸을 때부터 줄곧 느껴온 것인데, 교사가 되어 다시 학교 현장에 갔을 때 그 상황이 여전했다는 사실이었습니다. 즉, 그러한 강제적인 방식으로 반 학생 전체에게 독서 지도를 했음에도 학생들 가운데 막힘없이 책을 잘 읽어 내는 아이는 겨우 한 반에 열 명 미만이었다는 사실입니다. 게다가 거의 모든 학생이 읽은 내용의 절반 정도밖에는 이해를 못하였고, 대부분의 학생들은 읽기 능력 자체가 부족해 독서 의욕조차 없었습니다. 이러한 사실을 알면서도 이에 대해 아무런 개선책도 없는 것이 일본 학교 대부분의 일반적인 모습입니다.

이런 지도 방법으로 지도하는 교사들은 솔직히 모든 학생이 책을 잘 읽을 수 있게 되는 것을 바라지 않습니다. 독서 능력이 없는 학생이 생기는 것은 자연스러운 현상이고 그런 학생들은 '독서 시간'이라 할지라도 굳이 책을 읽을 필요가 없다고 생각하는 것입니다.

즉, 책을 읽을 줄 모르는 학생들은, 선천적으로 독서 능력을 갖추지 못하는 아이들이지, 그들이 책을 읽을 수 있도록 성장시키는 일은 결코 교사의 일이 아니라고 믿고 있는 것입니다. 심각한 것은, 지금 이 시대에도 일본 학교 교육 현장에는 이러한 인식이 깊이 뿌리내리고 있어, 근본적으로 아무것도 변하지 않았다는 사실입니다.

아침독서를 시작한 지 오랜 시간이 지났지만, 전국의 학교 가운데 절반 가까이는 아직도 아침독서 실시에 관심이 없거나 거부하고 있다는 사실이 그러한 점을 잘 보여 주고 있습니다. 과연 그런 학교의 학생들은 대부분 책을 술술 읽어내려 갈까요? 절대 그렇지 않습니다. 오히려 책을 전혀 읽어 본 적이 없거나 읽을 줄 모르는 아이들로 교실이 가득 차 있기 마련입니다. 아니면 아침독서보다 더 훌륭한 독서 지도를 실시하기라도 한 걸까요? 그것도 아닙니다. 아침독서를 실시하지 않는 거의 모든 학교는, 거의 아무런 대책 없이, 지금도 '독서 지도 따위 할 필요가 없다'라는 편견(실제로는 특권)을 갖고 현실에 안주하고 있습니다.

제가 가장 걱정하는 것은, 현재 일본 정부가 진행 중인 '교육 개혁' 과정에서(특히 고등학교의 경우) 공부를 잘하는 아이와 못하는 아이의 차이가 더욱 벌어진다는 점입니다. 그 결과 책을 읽을 줄 모르는 아이들이 예전보다도 더 공공연하게 소외되고 배제되는 상황이 벌어질 것입니다.

그뿐만이 아닙니다. 더 아쉽고 서글픈 상황은 초등학교와 중학교에서 아침독서 덕분에 책을 잘 읽을 수 있게 된 아이들이, 새로 입학한 고등학교에서 아침독서를 실시하지 않는 바람에, 결국 힘들게 몸에 익힌 독서습관을 잃어버리고 결국 또다시 책을 멀리하게 되는 현실입니다. 이런 사태는 일부 학교에서만 일어나는 특수한 현상이 아니라, 전국의 수많은 고등학교에서 벌어지는 일반적인 현상입니다.

근거 중 하나를 제시해 보면, '아침독서 추진협의회'가 조사한 2007년 6월 29일 당시의 아침독서 실시율이 초등학교 69%, 중학교 67%인데 반해 고등학교는 33%로 밝혀졌다는 사실입니다. 이것은 초등학교와 중학교에서 아침독서를 해온 학생들 가운데, 절반 이상이 고등학교에 가서는 일순간 아침독서의 소중한 기회를 빼앗겨 버리고 말았다는 이야기입니다.

우리가 기대하는 고등학교 교육의 본래적 역할을 생각해 보면서, 아침독서가 고등학교 교육 현장에서 처음 시작된 것처럼, 오히려 초등학교와 중학교에서 아침독서를 실시하지 않아 독서 능력이 부족한 아이들을 위해서라도 고등학교 전체가 아침독서를 실시하게 되길 간절히 바랍니다.

'좋아하는 책'을
선택하지 못하는 아이들

아침독서의 방법론을 비판하는 일부 문화인들 중에는 의외로 소설가가 많습니다. 그들은 "하루 독서 시간으로 10분은 너무 짧다", "학생이 좋아하는 책을 자유롭게 읽도록 하는 독서 지도라면 너무 허술하다", "필독서를 지정해서 계속 읽게 해야 한다" 등의 의견을 언급하며 비판합니다.

"10분은 너무 짧다"라고 주장하는 분들은 지금까지의 일본 학교 교육에서 단 1분도 책을 읽는 시간을 주지 않았다는 현실과 현재의 빡빡한 교과 과정 및 시간표를 보면 그 10분조차도 정말 확보하기 어렵다는 현장의 실상을 제대로 알지 못합니다.

"책 선택을 학생 자율에 맡기면 안 되고 필독서 위주로 해야 한다"는 의견도 마찬가지입니다. 매일같이 격무에 시달리는 교사의 입장을 이해하면 그런 비판을 쉽게 할 수 없습니다. 오래전부터 학교의 독서 시간이 전혀 없었다는 점을 감안할 때, 그것은 독서습관이 이미 몸에 배어 있는 일부 학생들에게만 적용 가능한 말에 불과합니다.

그런데 우리가 주장하는 아침독서는 일본의 모든 아이들에게 책 읽는 시간을 주고, 모든 아이들이 어느 정도는 책을 읽을 수 있는 힘을 갖게 하는 것을 목표로 삼고 있습니다. 그렇기 때문에 그 어려움은 말로 할 수 없을 정도이고, 대담하고 섬세한 지도법이 반드시 필요합니다.

'좋아하는 책을 읽는 것'이라고 해도, 초·중·고교 어디서든 '좋아하는 책' 자체를 자기 힘으로 선택할 수 있는 아이들이 놀랄 만큼 적다는 현실을 직시해야 합니다. 상당수 학생이 스스로 책을 선택할 능력조차 없는 현실에서, 우선 '좋아하는 책을 선택할 수 있도록 지도하는 것'부터가 매우 중요합니다. 현장에서의 이러한 현실을 간과한 채 무조건 자신들의 높은 눈높이로 쉽게 판단하고 비판하는 문화인이나 지식인들에게 좀 더 사려 깊은 배려와 관심을 기대해 봅니다.

게다가 고등학생이 되어서도 자신이 좋아하는 책을 선택할 줄 모르는 학생이 대부분이며, 심지어는 여태껏 책을 단 한 권도 읽어 본 적이 없는 학생들도 있는 믿을 수 없는 참담한 상황이, 바로 지금 일본의 현실입니다. "먹어 보지도 않고 까닭 없이 싫어한다"라는 말이 있습니다. 음식도 그 맛을 경험해 보지 않으면 전혀 모르며, 자신이 좋아하는 음식을 쉽게 선택할 수 없을 것입니다. 그와 마찬가지로 책의 세계가 얼마나 매력적인지 잘 모르고, 또 그 속에 들어가 경험해 보지도 못한 아이들에게는, 단 한 권이라 할지라도 책을 선택하는 일이 매우 어려운 일입니다. 이미 책에 익숙해져 있는 사람에게는 상상도 못할 일일 것입니다.

이것 말고도 일본 학교 교육 현장에는 더 심각한 문제가 많이 쌓여 있습니다. 그 가운데 가장 전형적인 것은, 아이들이 읽고 싶은 책을 선택하고 싶어도 학교에 책이 충분하지 않다는 사실입니다.

이건 어쩌면 당연한 일입니다. 지금까지 '독서 지도'는 학교 교육 현장에서 가볍게 여겨져 왔기 때문에 많은 책이 학교에 배치되어 있을 리 만무합니다. 제가 여러 지방에 강연하러 가면, 그곳에 있는 초·중·고교의 도서관을 보게 됩니다. 그때마다 저는 실로 부실하고 빈약한 도서목록을 보게 됩니다. 수십 년 전에 확보한 오래된 책만 조금 꽂혀 있을 뿐, 기본적인 장서도 마련해 놓지 않은 일본 학교의 부실한 도서관 설비를 보며 새삼 충격받지 않을 수 없습니다.

그런데 이러한 문제는 더 심각해지고 있습니다. 전국에 있는 초·중·고교에서 아침독서가 실시되어 아이들이 많은 책을 읽게 되었지만, 그 현상에 부응하여 아이들에게 새롭고 매력 있는 책들을 충분히 공급하고 있는가 하는 질문에는 회의적입니다. 더욱이 재정 위기를 들먹이며, 가장 우선적으로 예산을 대폭 삭감하는 부분이 교육 관련 비용입니다. 그중에서도 '신규 도서 구입비용'은 늘 첫 번째 희생양이 됩니다. 현장의 실태는 무시된 채, 행정 절차의 단계에서 도서 구입비용이 '0원'으로 삭감, 폐지되는 경우도 비일비재합니다.

시골에 있는 학교든, 대도시에 있는 학교든, 아이들에게 "자, 좋아하는 책을 골라서 읽자" 하고 제안했을 때, 아이들 눈앞에 적어도 수만 권의 책이 가지런히 배치되어 아이들의 선택을 기다리는 상황이 되어야 합니다. 어느 학교에는 한 학생의 눈앞에 겨우 수십 권의 책이 있을 뿐인데, 다른 학교에는 한 학생의 눈앞에 수만 권의 책이 펼쳐져 있다면 그것은 너무나 불평등합니다. 미래를 살아가는 아이들 한 사람 한 사람에게 같은 분량으로 매력적인 책의 세계를 열어 줄 수 있어야 합니다.

'정보화 사회'라고 불리는 이 시대의 일본에서는, 비록 인쇄된 책

자체가 눈앞에 없다고 해도 학교도서관이나 공공도서관 정도라면 인터넷을 통해 모든 아이들이 공평하게 무한한 양의 '책의 세계'를 접할 수 있을 것입니다. 이제 이러한 이상은 결코 '꿈'이 아닙니다. 일본만이 아니라 세계의 모든 아이들에게 그러한 꿈을 현실적으로 실현시켜 줄 수 있을 거라 믿습니다.

우리가 '좋아하는 책을 읽는 것'을 중요한 방법론으로 주장할 때에는 앞서 소개한 전제가 있음을 꼭 기억해 주길 바랍니다. 다시 말하면, 좋아하는 책을 선택하려면 충분한 분량의 책에 대한 접근성이 확보되어야 한다는 것입니다. 돈이 없어서 좋아하는 책을 사 주지 못하는 가정이나 집 근처에 책방이나 도서관이 없는 지역에 사는 아이들에게는, '좋아하는 책을 읽자'고 아무리 외쳐도 결국 의미 없는 공염불에 그칠 수밖에 없습니다.

게다가 학교도서관은 이름뿐이고, 위치도 건물 안에서 가장 어둡고 접근하기 불편한 곳이라는 점이 문제입니다. 또한 문은 늘 잠겨 있고, 책은 먼지가 쌓인 채 손대기도 싫을 만큼 지저분한 상태로 아무렇게나 널려 있는 경우가 많습니다. 상황이 이런데 도서관에 데려가서 "지금부터 자기가 좋아하는 책을 선택해 보자"라고 말한다면, 책을 좋아하던 아이들까지도 책을 싫어하게 될지 모릅니다. 이러한 현상은 먼 나라에서 일어나는 일이 아니라, 소위 선진국이라고 일컬어지는 일본에서 지금도 여전히 일어나는 일입니다.

그러므로 아침독서의 제창자인 저는, 아침독서를 실천에 옮기려는 선생님들에게 부탁하고 싶습니다. 어떻게 하면 모든 학생들이 책을 읽도록 지도할 수 있을까 하는 데만 초점을 맞출 것이 아니라, 그 이전에 어떻게 하면 모든 학생들이 스스로 '좋아하는 책을 선택할 수 있도록 지도할까' 하는 점에 초점을 맞추어야 한다는 점입니다.

아침독서가 학교도서관의 문을 열다

앞서 말한 대로, 책을 둘러싼 아이들을 위한 제반 상황이 어려워지면 어려워질수록, 여러 곤란한 일들을 피해 갈 수 없게 됩니다.

'다 함께 하기' '매일 아침 하기' 등을 온전히 실현하기 위해 '좋아하는 책을 읽도록 하는 것'이 꼭 필요합니다. '이 책은 좋다' '저 책은 안 된다'라는 식으로 책을 재단하고 분류할 만한 여유나 혜안이 아직 일본의 학교 현장에는 없습니다. 아이들의 가능성은, 언제 어디서 어떤 식으로 발견될지 아무도 모릅니다. 아무튼 여러 방법을 동원하여 한 권이라도 더 많은 책을 모으기 위해 노력해야 할 것입니다.

우리가 제안하는 아침독서는 초·중·고교에 작은 차이는 있다 할지라도, 우선 '자기가 좋아하는 책의 선택을 의도적으로 시작하는' 것이 매우 중요하다는 사실을 강조합니다. 그런데 이러한 이상을 구체적으로 실현하려면, 좋든 싫든 간에 학생들을 모두 참여시켜서 주위에 있는 책들을 모으는 작업이 꼭 필요합니다.

"읽을 수 있는 책이라면, 어떤 책도 괜찮으니, 모두 한 권씩 가져오라"고 한다면 40명 정원의 학급에서 40권 정도는 금세 모을 수 있습니다. 하지만 학교나 그 지역 또는 아이들의 가정환경에 따라 어떻게 하면 아이들이 책과 만날 수 있는지 교사가 가르쳐 줘야 할 때도 있습니다.

자기 학교의 도서관에 단 한 번도 가 본 적이 없는 학생들은, 어느 학교에나 존재할 것입니다. 도서관이 교내의 어느 곳에 위치해 있는지조차 모르는 학생도 있다는 참담한 상황도 비일비재합니다. 그리고 아침독서를 시작하면서 자기 지역에 공립도서관이나 서점조차 없다는 사실을 알게 된 교사도 있으니, 그 비참한 상황을 쉽게 상상할 수 있습니다. 더 심한 경우는 어느 지방 학교에서는, 아침독서를 시작하는 과정에서 비로소 학교에 도서관이 없다는 사실을 알게 되었다는 웃지 못할 일도 있었습니다.

사실 이런 이야기는 단순한 농담으로 지나칠 일이 아닙니다. 특히 중학교에서 많이 들려오는 이야기에 따르면, 평소에는 도서관 문이 주로 닫혀 있고, 이용할 때만 관리자에게 부탁해 일일이 열어 달라고 해야 한다고 합니다. 놀랍게도 1년 동안 한 번도 도서관 문을 열어 본 적이 없었다는 학교도 있었습니다. 어떤 선생님은 "아침독서가 도서관의 문을 열어 주었다"고 단언했습니다. 저도 전국에 있는 초·중·고교를 돌아보면서 학교도서관의 개선된 실태를 알게 되었는데, 아침독서가 이룬 작은 공적의 하나라고 자부합니다.

'모두 읽어요' '날마다 읽어요' 그리고 '좋아하는 책을 읽어요'라는 아침독서의 독특한 방법론은 단지 학교도서관의 문을 열어 주는 것뿐만 아니라, 지금까지 굳게 닫혀 있던 모든 사회생활과 일상생활 속 서고의 문을 여는 일을 해냈다고 평가할 수 있을 것입니다. 특히 책에 대한 아이들 마음의 문을……!

아침독서의 실시를 통해 새롭게 생겨난 현상은 한두 가지가 아닙니다. 우선 책에 대해 관심조차 없던 아이들이 자신이 좋아하는 책은 어떤 건지 고민하기 시작했습니다. 그리고 친구들과 책에 관한 이야기를 나누게 되었습니다. 가정에서도 자신이 읽을 수 있는 책이 꽂혀 있는지 찾아보고 부모형제에게 물어보기도 합니다. 그전까지 책을 화제로 삼는 것은 상상조차 할 수 없던 학생이 선생님께 상의하러 오는 풍경도 심심찮게 보입니다. 마음에 드는 도서관에 혼자 혹은 가족이나 친구와 함께 자발적으로 가게 되며, 창고 방에서 아버지나 어머니가 옛날 학창 시절에 읽었던 책을 찾아냈다며 기뻐하는 아이도 생겼습니다.

'좋아하는 게' 뭔지를
고민하기 시작

무엇이 1등이고, 무엇이 2등이라고 쉽게 순위를 정할 수는 없지만, '좋아하는 책을 읽는' 경우의 큰 장점은, 무엇보다도 학생들이 '나는 도대체 무엇을 좋아하는가?' 하는 문제에 대해서 진지하게 고민하게 만든다는 사실입니다. 아이들의 모습은 참 다양해서, 활동적이며 좋아하는 것이 확실한 아이가 있는가 하면, 매사에 소극적이면서 좋아하는 것도 확실치 않은 아이들도 있습니다.

단지 한 권의 책을 선택하는 일인데도 "내가 좋아하는 책이 무엇일까?"라는 문제에 대해서 태어나서 처음으로 진지하게 고민하기 시작했다는 아이들이 의외로 많습니다. 바로 이 점에 주목할 필요가 있습니다. 고등학생이 되어서도 "너는 좋아하는 게 뭐야?", "하고 싶은 일은 있어?"라는 질문에 곧바로 대답하는 학생은 그리 많지 않습니다. 요즘 아이들의 실태는 자신이 무엇을 좋아하는지조차 확실히 알지 못하는 경우가 많습니다.

"당신이 좋아하는 책은 무엇입니까?"라는 질문은 그다지 중요하지 않게 들릴 수도 있습니다. 하지만 이러한 질문을 모든 학생에게 던지는 것 자체가, 다음 단계의 여러 중요한 질문으로 나아가기 위한 중요한 걸음이라 할 수 있습니다. 적어도 모든 학생에게 같은 교과서를 나눠 주거나, 같은 한자연습장을 주는 것과는 전혀 다른 차원의 한 걸음을 내디딜 수 있게 됩니다.

예를 들어 '나는 어떤 책을 좋아하는가?'에 대해 곰곰이 생각하기 시작하면 '친구는 어떤 책을 좋아할까?' '어머니와 아버지는 어렸을 때 어떤 책을 좋아하셨을까?' '형이나 누나는 어떤 책을 읽고 있을까?' 등등의 질문으로 이어지며, 단 한 권의 책을 통해 새로운 친구 관계나 돈독한 가족 관계가 형성되어 갑니다.

처음부터 모든 학생에게 같은 자료(교재)를 주는 방법으로는, 아이들이 새로운 친구 관계를 창조해 가거나, 가족 관계를 재발견하는 등의 일이 생겨날 가능성은 희박합니다.

"자신이 읽고 싶은, 좋아하는 책을 선택해 봐!"라는 교사의 말에, 적어도 아이들에게 두 가지의 중요한 반응이 나타납니다. 하나는 '나는 도대체 무엇을 좋아하는가?'라는 고민에 스스로 깊이 빠져듭니다. 또 하나는 실제로 책을 찾아보기 시작한다는 점입니다. 여기서도 '다 함께 하기'라는 방법이 그 위력을 발휘합니다. 혼자서는 좋아하는 책을 찾아내지 못하는 아이를 위해 주변 친구들이 도와주기 때문입니다.

실제로 아이들은 다른 친구들이 어떤 책을 읽는지에 대해 큰 관심을 가지고 있습니다. 특히 평소에 친하게 지내는 친구들이 어떤 책을 읽는지의 여부는 깊은 관심을 불러일으켜서 다음에 자신이 어떤 책을 선택할지에 큰 영향을 줍니다. 미리 지정된 책이 있는 것도 아니므로, 자신이 좋아하는 책을 선택하는 작업만으로도 한 반의 교실 안에서는 눈에는 보이지 않지만 불꽃 튀는 급우간의 교류가 시작됩니다.

앞서 말한 대로, 모든 학생이 자신이 좋아하는 책을 찾기 때문에, 학교든 집에서든 혹은 그 지역에서든, 아이들의 책에 대한 관심과 독서실태가 어떤 상황인지를 확실히 알 수 있게 됩니다.

아이들의 관심사와 기호가 무엇인지 새롭게 확인되면, 어른들은 '학교·가정·지역'에서 아이들을 위한 책의 목록 구성과 배치를 새롭게 바꾸기 위한 노력을 기울여야 합니다. 기초학력 세계 1위인 핀란드에서는 '아이들을 위한 도서관이 편의점보다 많다'고 합니다. 일본도 하루빨리 이와 같이 되기 위해 애써야 할 것입니다.

'즐거움'이 계속되는
비결

아이들이 좋아하는 책의 가장 중요한 첫째 조건으로, 책 읽기가 즐거워야 한다는 것은 두말할 나위가 없습니다. 그러한 '즐거움'이야 말로 독서를 지속해 갈 수 있는 절대적인 필요조건입니다. '모두 읽어요'와 '날마다 읽어요'가 무엇보다도 중요한 아침독서에서 반드시 필요한 요소가 바로 '즐거움'입니다. '좋아하는 책'이기 때문에 시작을 더욱 산뜻하게 할 수 있으며, 매일 반복하게 되더라도 거부감 없이 쉽게 접근할 수 있습니다. 게다가 자신이 좋아하는 책을 스스로 선택할 수 있으므로 그 즐거움은 갑절이 됩니다. 이것이 만약 교과서와 같이 학생 모두가 일률적으로 보는 딱딱한 책이라면, 그렇게까지 접근할 수 없을 것입니다. 싫어하는 것을 눈앞에 맞닥뜨린 아이는 곧바로 좌절해 버리고 맙니다. 좋아하는 책을 읽는 일은 즐겁습니다. 매일 아침 즐거운 일로 시작되는 학교생활만큼 아이들에게 신 나고 행복한 일이 또 있을까요?

아침독서를 실시하는 학교(특히 초등학교)에서는 많은 아이들의 입에서 "아침독서가 있어서 학교에 가는 게 즐겁다"는 얘기가 들려옵니다. 아침독서로 읽는 책은 결코 잊어버리지 않지만, 교과서에 나오는 내용들은 쉽게 잊어버린다는 현상도 나타납니다. 이걸 두고 기뻐해야 할지, 안타까워해야 할지, 혹은 웃어야 할지 울어야 할지 잘 모르겠다는 선생님들의 행복한 하소연도 들려옵니다.

또한 '다 함께' 하기 때문에 그 즐거움도 배로 늘어난다는 점을 무시할 수 없습니다. 독서의 즐거움이 혼자만의 기분이라면, 책을 좋아하는 아이들이 여러 명 있다 하더라도 그것은 개인의 취미 수준에서 끝나 버려, 더 이상의 확대는 기대할 수 없게 될 겁니다. 책을 싫어하거나 독서만 생각하면 골치 아파하는 아이는, 독서에 빠진 아이들 틈속에서 고립감을 느껴 책을 펼치자마자 첫 번째 단계에서 좌절할 확률이 높습니다. 그래서 조금 시간이 걸리더라도 스스로 흥미를 갖게 될 만한 알맞은 책을 찾는 게 중요합니다. 하지만 그것도 혼자서 고민하면 안 되고 주변의 친구들과 상의하면서 찾는 것이 바람직합니다. 그 과정에서 새로운 친구 관계가 만들어지기도 하니까요. 그러므로 '다 함께 하기'와 '매일 하기'야말로 언젠가 자신이 좋아하는 책을 꼭 만날 수 있게 해주는 지름길입니다.

게다가 일본의 어린이용 문화 소비재 가운데, 책만큼 풍부한 즐거움으로 가득 찬 매체는 없습니다. 책 안에는 아이들의 마음을 상상의 세계로 이끌어 주며, 거기에 열중할 수 있게 해주는 다양한 요소들이 있습니다. 아이들은 그렇게 풍부한 미래의 보고에서 자신의 마음을 설레게 하는 경험을 반드시 만나게 될 것입니다.

본인 스스로가 찾아낸 한 권의 책, 혹은 친구가 도와주어서 찾아낸 한 권의 책, 경우에 따라서는 선생님께서 슬그머니 권유해 준 한 권의 책, 이 한 권의 책이 아이의 미래를 크고 밝게 열어 줄 수 있습니다. 책이 보여 준 새로운 세계에 한 걸음을 내딛는 것으로 아이는 새로운 자신의 모습을 발견하게 될지도 모릅니다. 그러한 책과의 소중한 만남이 이뤄지기까지 힘든 과정이 있었다면, 고생한 만큼 운명적 감동을 느꼈을 때의 기쁨도 더욱 크지 않을까요?

아침독서를 통해서 '자신이 좋아하는 책을 읽을 수 있기에 좋다'는 즐거움을 경험한 아이들은 거기에 만족하지 않고 더 큰 즐거움을 추구하기 시작할 것입니다. 아침독서는 그 즐거움을 누릴 수 있도록 모든 아이들에게 선택권을 완전하게 보장하고 있습니다. '좋아하는 책으로 읽어도 무방하다'라고 정해 놓으면, 어떤 아이라도 '이것은 즐거운 일인 것 같다'라고 생각하며, 책과의 소중한 만남을 얻게 될 것이 틀림없습니다.

자신에게 맞는 책을
선택할 수 있는 힘 키우기

'자신이 좋아하는 책을 읽는' 두 번째 장점은, 아이들이 자신의 능력에 맞춰서 책을 선택할 수 있다는 것입니다. 이것은 지금까지 해온 독서 지도에선 간과되었던 점입니다.

지금까지의 독서 지도란 같은 학년 아이들에게는 같은 수준의 책을 읽게 한다는 '과제도서'가 주어졌다는 사실뿐입니다. 하지만 잘 관찰해 보면, 이미 초등학교 입학 때부터 아이들에 따라 독서 능력에 큰 차이가 있음을 누구나 알 수 있습니다.

아이들 가운데는 글을 정확하게 읽지 못하는 아이가 있는가 하면,

긴 문장을 유창하게 잘 읽는 아이도 있습니다. 그중에는 한자까지도 잘 읽는 아이들이 여럿 있습니다. 한편, 히라가나조차 한 글자 한 글자 읽어 내는 것이 힘든 아이, 가타카나인 경우는 전혀 읽지 못하는 아이들도 있습니다. 몇 번이고 말했지만, 이러한 출발선상에서의 큰 차이는 중대한 문제를 품고 있습니다.

- 아이들 중에는 남이 한 말이 전혀 들리지 않는 아이도 있으니, 언어 능력의 기본인 '듣기'에 있어서 이미 큰 차이가 있다고 볼 수 있습니다.

- '말하기'에 대해서는 상대방과는 상관없이 시끄럽게 수다 떠는 아이들도 있지만, 반면 남의 질문에 대해서는 대답을 못하는 경우도 있습니다.

- '쓰기'도 마찬가지인데, 자기 이름을 한자로 쓸 수 있는 아이가 있는가 하면, 일본어 히라가나로도 못 쓰는 아이도 있습니다.

이런 차이는 그 아이가 자란 환경, 개성의 차이 등이 문제일 뿐이지, 그 아이의 학습 능력의 차이라고 쉽게 단정해서는 안 됩니다. 하지만 이러한 요소들이 종합적으로 아이들의 독서 능력 기초를 형성하는 것도 사실이므로, 이러한 격차는 자라면 자랄수록 확대되어 가는 것이 일반적인 현상입니다.

아이들에 따라 자라나는 속도도 모두 다르며, 언제 어떤 계기로 급속하게 성장할지 알 수 없습니다. 따라서 아침독서는 '좋아하는 책을 읽는 것'으로 자신의 수준에 맞는 것, 자기 힘만으로 충분하게 읽어 내고 이해할 수 있는 것을 스스로가 판단하여 선택하도록 합니다.

자신이 판단하여 선택하는 작업이 가장 중요합니다.

그런데 '좋아하는 책'이라고 해도 그 책이 자신의 독서 능력에 맞는 책이어야 합니다. 좋아하고 재미있는 책이라고 해서 자신의 능력보다 훨씬 낮은 책만을 선택해서 즐기기에만 급급해서는 안 됩니다. 반대로 자신의 능력으로는 도저히 읽어 낼 수 없는 어려운 책을 자존심 때문에 선택하고, 그 이후에도 읽는 척만 하는 경우도 있습니다. 이런 독서는 전혀 도움이 안 됩니다.

따라서 이 경우에는 교사가 한마디씩 주의를 주어야 합니다. "자신의 힘으로 이해할 수 있는 너무 어렵지 않은 책을 선택해야 해!"라고 말입니다. 아이들을 늘 지켜보는 담임 선생님은 특별히 관심을 갖고 배려해 줘야 하는 학생이 누구인지 파악하고 있어야 합니다. 대부분의 학생은 자신의 책을 잘 선택합니다. 단지 일부 학생의 경우이므로 선생님도 충분히 대응할 수 있을 것입니다.

오히려 자기 수준보다 낮은 책만 골라 읽으며 즐기기만 하려는 아이들을 어찌 다루면 좋을까 하는 문제가 남습니다. 이런 경우도 실제로는 일시적인 현상일 때가 많기에, 선생님이 "좀 더 수준 높은 책을 읽어 보자"라며 한마디 주의를 주면 쉽게 개선될 것입니다. 대체로는 친구끼리도 서로 주의를 주며 문제를 고쳐 나갑니다. 아이들은 10분이라는 짧은 시간임에도, 다 함께 공유하는 시간이라는 의미를 되새기며 소중하게 가꿔 갑니다.

그뿐 아니라 좋아하는 책을 새롭게 발견한 아이는, 그 책의 매력에 빠져서 좀 더 수준이 높은 책에 도전하려는 의욕을 보이게 됩니다. 아이에 따라서 "선생님, 다음엔 어떤 책을 읽으면 좋을까요?", "선생님, 좀 더 어려운 책을 읽고 싶어지네요!"라고 친구들과 경쟁하듯 교사에게 조언을 구해 오는 경우도 있습니다.

이러한 상황을 접했을 때, 가장 중요한 것은 아이마다 독서 능력에 차이가 있으므로 아이들 각자에게 알맞은 책을 잘 선택할 수 있도록 배려하고 지도해 주는 것입니다. 이것이 가장 어려운 과제라는 것은 두말할 필요도 없습니다.

아이들은 초등학교 1학년 때 이미 8년이라는 성장 과정의 역사가 몸에 새겨져 있으며, 중학교 1학년이라면 14년, 고등학교 1학년이면 이미 17년 동안의 성장과 배움의 역사가 몸에 새겨져 있습니다. 그러므로 학생마다 독서 능력에 차이가 나는 게 당연합니다. 따라서 아이들이 자기 능력에 맞는 책을 스스로 선택할 수 있도록 교사가 배려해 줄 필요가 있습니다. 그런데 여기서도 '다 함께 하기'의 정신을 살려서 아이들끼리 다음엔 어떤 책을 읽으면 좋을지 의견을 나누고 교류하는 관계를 교실 안에서 형성하는 것이 이상적일 것입니다.

한 권의 책이
문제 해결의 실마리

어느덧 마지막 단계에 이르렀습니다. 여기서는 '좋아하는 책을 읽어도 좋다'는 원칙을 통해 살릴 수 있는 이점이 있음을 살펴봅시다.

한 가지는, 한 아이가 이미 자신이 읽고 싶고, 좋아하는 책을 정해 놓은 경우입니다. 그러한 아이에게는 아침독서만큼 편리하고 유용한 시간이 없습니다. 누구도 신경 쓸 필요 없이 당당히 자신의 책을 읽을 수 있고, 구태여 친구에게 책 선정에 관해 상의할 필요도 없습니다. 유일한 문제가 있다면, 자신의 책에 너무 열중한 나머지, 다른 아이를 위한 상담에 응해 줄 만한 여유와 배려를 깜박 잊을 수 있다는 정도입니다.

또 한 가지는, 자칫하면 오해를 받을 수 있는 위험성도 안고 있습니다. 왜냐하면 이 방법은, 처음부터 학생이 책을 정하는 것이 당연하므로 그동안 교사로부터 자신이 좋아하지도 않는 책을 강요받아 왔다는 편견을 갖게 만드는 경우가 많기 때문입니다. 즉, 선생님이 권유하는 책에 대해 불필요한 거부감을 갖게 될 수도 있다는 것이지요.

그래서 저는 한 학생이 어떤 문제로 고민하는 경우에는 책을 소개해 주며 같이 읽음으로써 학생의 문제도 해결하고, 책을 권하는 거부감도 없애기 위한 시도를 해왔습니다. 학생과 자주 상담을 하고 이야기를 나누어도 도무지 해결의 실마리가 발견되지 않는 때가 있습니다. 선생님과 학생이 이야기해도, 친구들끼리 이야기해도 안 되고, 마지막으로 가족들과 이야기를 나누어도 쉽게 해결되지 않는 경우가 있습니다.

그럴 때, 한 권의 책을 통해 큰 도움을 얻는 경우가 많습니다. 단한 권의 책이 아무리 많은 이야기를 나누어도 해결할 수 없던 문제에 대해 실마리를 던져 줍니다. 교사나 친구가 가져온 책을 소개받아 읽는 과정에서 서서히, 혹은 한꺼번에 해답의 열쇠를 쥐게 됩니다. 학생에 따라 차이가 있지만, 책을 읽으며 큰 배움을 얻거나, 깊은 감동을 받거나, 주인공이 살아온 삶의 여정에 자극을 받습니다. 혹은 책에 나오는 한마디 말을 통해 새로운 세계에 눈을 뜨기도 합니다.

이런 종류의 경험들은 교사나 학생이 깊이 고민하여 정한 책에서, 때로는 세계적인 명저에서 얻는 경우가 많습니다. 책을 소개받은 학생은 처음에는 마지못해 그 책을 집어 들지만, 역설적이게도, 읽는 과정에서 마음이 열리게 되고 다 읽어 갈 무렵에는 이미 책에 푹 빠져 책을 손에서 한순간도 놓지 않는 경우도 있습니다. 이 또한 아침독서가 지닌 '다 함께 하기' '좋아하는 책으로 읽어도 좋다'는 방법론이 있기에 실현 가능한 일이 아니겠습니까? 학생 모두가 획일적인 교과서 같은 딱딱한 교재를 읽을 때는 절대로 얻을 수 없는 열매들이 아닐까요?

'그냥 읽는 것'만으로 시작되는 성장

'좋아하는 책을 읽는 이유'로서 오래전에 쓴 『마음을 키우는 아침 독서-10분의 독서로 아이들이 변한다! 학교가 변한다!』(1999)에서 '왜 좋아하는 책인가?'라는 주제를 통해 ① 자주성 및 주체성을 키운다 ② 자신에게 필요한 것을 배운다 ③ 자신의 능력에 맞는 것을 배운다 ④ 자신의 개성에 맞는 책을 선택할 수 있다 ⑤ 교사의 손길을 교실 안으로 이끌어 온다 ⑥ 교사가 안심할 수 있는 시간을 마련한다 ⑦ 진정한 공부란 무엇인가를 가르친다 등을 살펴본 적이 있습니다.

그 밖에도, 1999년에 출판된 『아침독서 실천 가이드북』에서 '좋아하는 책을 읽는다'는 주제에 다음과 같은 글이 있습니다. 길지만 그대로 인용하겠습니다.

좋아하는 책을 읽는다

저에게는 아이들이 좋아하는 책을 스스로 선택해서 읽음으로써 자신을 다시 되돌아보기 원하고, 진실한 자신을 발견하길 원하며, 자기 안에 있는 숨겨진 가능성과 능력을 알게 되기를 바라는 소망이 있습니다.

학생들 모두가 자신이 좋아하는 책을 스스로(아니면 친구와 협력하여, 혹은 가족이나 교사가 함께 도와주는 등의 방법으로) 찾아내는 것 자체가 중요합니다. 좋아하는 책을 읽어도 된다고 해도, 곧바로 읽고 싶은 책을 선택할 수 있는 아이는 드뭅니다.

많은 아이들이 '나는 도대체 무엇을 좋아하는가?' '나에게 맞는 것은 무엇인가?'에 대해 고민합니다. 자신이 좋아하는 것을 찾아내는 일이 아주 사소한 것 같아도, 아이들에게는 새로운 자신을 발견하는 것이며, 새롭게 자신을 만들어 내는 작업이라고도 할 수 있습니다. 생명은 끊임없이 변화를 거듭합니다. 아이들도 늘 자라나고 있습니다. 그래서 어느 방향을 향해 걷기 시작하느냐 하는 것은 내일의 성장에 결정적으로 중요한 영향을 미칩니다.

좋아하면 잘할 수 있다는 말이 있습니다. 좋아하는 책을 읽게 하면 아이들은 꼭 자신의 힘으로 읽을 수 있는 정도의 책을 선택합니다. 그리고 나서 점점 자라면서 수준이 높은 책을 선택하게 됩니다. 일단 책을 읽게 되고 책의 매력에 빠지면 그 후에는 책의 힘으로 아이들은 계속 앞으로 나아갑니다. '아이가 좋아하는 책을 읽게 하자'라는 주장에는 한 아이 한 아이의 개성을 중요시한다는 생각도 포함되어 있습니다. 제가 교사가 되어 가장 깊이 느낀 것은 일반적으로 개성을 존중해야 한다고 말은 쉽게들 하지만, 실상 학교에서는 아이들의 개성은커녕 학습 능력의 차이조차 무시하는 경우가 대부분이었습니다.

예를 들면, 매일 되풀이되는 수업이 바로 그것입니다. 아이마다 관심사가 다르고 이해력이나 쌓아 온 실력도 다릅니다. 그런데 그런 다양한 학생들에게 똑같은 내용을 학습시킵니다. 당연히 내용이 아주 쉬워서 재미없다고 하는 학생이 있는가 하면, 너무 어려워 이해하지 못하는 학생도 있습니다. 사실 제가 30년 가까이 교사 생활을 하면서 가장 배려하려고 애썼던 것은, 제가 담당하는 모든 학생들에게 아이들 각자에 맞는 내용을 학습시키고자 하는 노력이었습니다. 좋아하는 책 읽기는, 학생 스스로가 배우고 싶은 것을 스스로 찾아서 배우도록 이끈다는 장기적인 노력의 도달점이라고도 할 수 있습니다.

'좋아하는 책을 읽는 이유 ①, ②'는 실천 방법에 있어서 초기에 쓴 글과 이 책에서 쓴 글의 내용이 조금 차이가 있습니다. 앞으로 살펴보고자 하는 '그냥 읽기만 해요'도 방법론상의 차이가 있습니다.

말하자면 예전에 쓴 책 『마음을 키우는 아침독서』와 『아침독서 실천 가이드북』은 단순한 이념으로서 아침독서의 표면을 다룬 것에 지나지 않습니다. 그에 비하여 이 책은 아침독서의 생생한 현실 속에 깊숙이 들어가 진정한 모습을 드러내 보이려는 노력을 담고 있습니다. 예전 글에서는 문제 제기가 약했고, 학교생활 전체를 충분히 다루지 못했습니다. 추상적일 뿐 구체적이지 않았으며, 지극히 표면적인 데 머물렀습니다. 그래서 개별적인 학생들의 모습만 훑어볼 뿐이었으며, 교우들 간의 깊은 관계까지는 거의 살펴보지 못했습니다.

마찬가지로 '그냥 읽기만 해요'라는 주제에 있어서도, 예전 글에서는 "우리가 10분간의 독서를 통해 학생들에게 요구하는 것은, 매일 좋아하는 책을 읽기만 하면 된다는 것입니다. 읽는 것 자체가 요구하는 내용이고 그 이외의 어떤 것도 요구하지 않습니다"라고 기록돼 있습니다. 또한 아침독서 10분간을 특별히 중요하게 생각했기 때문에 "첫째, 10분밖에 없으니 읽는 것에만 집중할 수 있게 하고, 그 밖의 불필요한 부담은 모두 없앤다는 목표가 있습니다. 욕심 부리지 말자는 것입니다. 매일 10분간 읽어서 책을 쉽게 읽을 수 있게 된다면 참으로 기쁜 일이지만, 그렇다고 욕심을 부릴 필요는 없습니다"라고 했습니다.

하지만 실제로 아침독서는 매일 꾸준히 10분간 진지하게 책을 읽기만 하면 된다는, 초기의 좁은 틀에서 벗어나 많은 학교에서 독특한 방법이 시도되는 등 다양한 형태로 전개되어 왔습니다. 그와 동시에 독후감 작성을 통해서도, 10분간 독서에만 그치지 않는 질적인 발전을 이루게 되었습니다.

여기서 저는 아침독서의 중요한 방법론 중 하나인 '그냥 읽기만 해요'가 품고 있는 본질적인 변화의 잠재성을 상상해 봅니다. 즉, 교실이라는 갑갑한 틀 속에 나란히 놓여 있는 새의 알들이 모두 같은 시기에 부화할 때를 맞아, 거의 동시에 새끼들이 껍데기를 깨고 나와 아장아장 걷기 시작하며, 결국 세월이 지나면서 힘차게 날개를 펼쳐 날아오르는 어미 새로 성장한 모습들을 말입니다.

즉, 그전까지는 책상 위에 가만히 앉아 혼자서 서툴게 책을 읽던 아이들이, 나중에는 어머니와 교사들이 읽고 들려주는 책의 세계에

흠뻑 빠져서, 조금씩 혼자 읽을 수 있게 된 후, 이윽고 독서 후의 소감과 감동을 적극적으로 이야기하게 되는 모습입니다.

읽고 들려주는 활동은 자각 있는 소수의 교사나 지역의 부모들로부터 시작되었습니다. 그런데 지금은 전국으로 확대되고 있습니다. 읽고 들려주는 활동은 아이들이 혼자 책을 읽는 힘을 키우는 데 큰 도움을 주었습니다.

혼자 책을 읽을 수 있게 된 아이들은 10분이라는 짧은 독서 시간에만 한정되기를 거부하기 시작합니다. 물론 초창기 우리가 목표로 설정한 '그냥 읽기만 하는 것'은 '아침독서를 하는 10분 동안에는 그냥 책을 읽기만 하는 것에 집중하는 것'을 의미했으며, 그 밖의 어떤 목표도 따로 설정하지 않았습니다. 하지만 학생들의 독서 활동이 점점 확대되고 활발해지면서 단순히 좁은 시간과 공간의 범위에서 독서를 멈춰 버리는 것이 어려워졌습니다. 물론 '그냥 책을 읽기만 해요'를 주장할 수밖에 없었던 사정도 초기에는 있었습니다.

매일 아침 10분간 교사와 학생이 함께 좋아하는 책을 읽는 것은, 교사 스스로도 그때까지 전혀 경험해 본 적이 없었기 때문에 여러 예기치 않은 상황들이 벌어졌습니다. 지금도 고생하는 중이므로('다 함께 하기'에 나오는 구체적인 내용) 시작할 당시에는 각 학교에서 우리의 이상과 방향대로 충분히 진행되지 못했습니다. 지각하는 학생과 교사가 있었고, 시작하는 시간이 되어도 교실에 들어오지 않는 학생들, 자리에 앉아도 주변 친구들과 수다 떠는 학생들, 멍하니 앉아 있는 학생들도 있었습니다. 교사들 중에도 자기 마음대로 출석 확인을 하거나 연락 및 지시사항을 전달하는 시간으로 써 버리는 경우도 종종 있었습니다.

하지만 아침독서가 전국적으로 확대되면서 그 '10분'의 고요함과 집중도가 그 무엇과도 바꿀 수 없는 소중한 시간이라는 사실이 여러 현상과 효과를 통해 밝혀졌습니다.

커지는 아이들의 표현 욕구

'줄탁동시(啐啄同時)'라는 말이 있습니다. 중국 송나라의 선종을 대표하는 벽암록에서 나온 말인데, 불가(佛家)에서는 '깨달음'의 화두로 사용되고 있으며, 줄탁동기(啐啄同機)라고도 합니다. 어미 닭이 따뜻한 품속에서 알을 품은 지 21일째가 되면, 알 속의 병아리는 안쪽에서 껍데기를 쫍니다. 이것을 '줄(啐)'이라 하고, 이에 호응해서 어미 닭이 밖에서 껍데기를 쪼는 것을 '탁(啄)'이라 합니다. 새끼와 어미가 동시에 알을 쪼지만, 그렇다고 어미가 새끼를 나오게 하는 것은 아닙니다. 어미는 다만 알을 깨고 나오는 데 작은 도움만 줄 뿐, 결국 알을 깨고 나오는 것은 새끼 자신입니다. 만약 어미 닭이 미리 껍데기를 깨어 주면 병아리는 건강을 잃고 얼마 후 죽게 됩니다. 또 병아리가 알에서 나오기 위해 힘을 쓸 때 그 순간을 놓치고 너무 늦게 반응해도 병아리는 죽게 됩니다. 병아리와 어미 새의 호흡이 순간적으로 일치해야만, 비로소 새로운 생명이 태어날 수 있다는 말이 바로 '줄탁동시'입니다. 즉, 동시에 발생하여 완성된다는 것을 의미하며, 교육에 있어서 스승과 제자가 '줄탁동시'할 때 비로소 훌륭한 인재가 탄생한다는 의미로 자주 언급됩니다.

　이러한 관점에서, 대표적인 독서 활동 가운데 하나인 '읽고 들려주는 작업'이 어느 쪽에 기울어진 독서인지 굳이 이야기하자면, 아이들 외부로부터의 자극이 중심이 된 활동이라 할 수 있습니다. 달리 말하면, 외부로부터의 메시지가 결국 아이들을(알 안에서 버둥대는) 자극해 그 내용(말)들이 아이들의 마음속에서 숙성되고 발효되어 결국 그 아이들을 성장시킨다는 것입니다. 그러므로 선생님과 학부모 들의 외부적 노력과 알 속에 있는 아이들이 성장하려고 활발히 움직이는 노력이 동시에 이루어질 때 비로소 새로운 변화를 기대할 수 있습니다.

　혼자서 읽는 힘, 특히 묵독의 힘이 생겨나면 내면에서 계속 축적되어 온 능력과 자산들이 더욱 풍성해지고 넘쳐 나게 되어, 그 생각을 사람들에게 전달하고 싶어집니다. 즉, '줄탁동시'를 통해 알에서 뛰쳐나오고 싶어지는 것입니다.

　이것이 좁은 의미로는 '읽기만 할 뿐인 10분'이라는 범위를 훌쩍 넘어서는 중요한 첫 걸음이라고 할 수 있습니다.

　이런 식으로 아이들에게는 넘쳐 나는 표현 욕구가 준비되어 있습니다. 그리고 교사들은(알 밖에서 바라보는) 될 수 있는 대로 빨리 아침독서의 성과를 확인하고 싶어집니다. 새롭게 시도한 실천이었기 때문에 어떤 효과가 있는지 빨리 알고 싶은 마음은 당연합니다. 그러면 아이들도 '줄탁동시'하여 교사들의 뒤를 쫓아가듯 자신들이 읽은 책에 대한 소감을 말하고 싶어서 못 견디는 것입니다.

　빠른 경우는, 아침독서를 실천한 지 일주일이 지난 후에 독후감을 내주거나 아침독서 체험 이후 책에 대한 인식이 어떻게 바뀌었는지 학생들에게 작문을 시키는 학교가 있었습니다. 교사들이 빨리 쓰게 하는 데는 이유가 있었는데, 그것은 아이들의 급속한 변화가 폭발적으로 일어나는 경우가 많았기 때문입니다.

아침독서 도입 후 한 달 또는 한 학기가 지났을 때는 학생들의 좋은 반응을 확인한 뒤 아침독서를 해 보고 나서 느낀 것이나 '가장 감동 받은 한 권의 책' 등에 대해서 자유롭게 작문을 시키는 것이 당연해지기도 했습니다.

지금까지 해온 독후감과의 차이점은 무엇보다 아이들에게 쓰고 싶지 않은 것을 억지로 시킨다는 의식이 전혀 없다는 점입니다. 거의 모든 아이들이 시간이 주어지면 넘치듯이 글을 쓰기 시작합니다. 시간 여유가 거의 없는 학교에서는 아침독서 10분 안에 글을 쓸 수밖에 없지만, 10분 넘게 글 쓰는 시간을 할애하는 학교도 갈수록 늘어갔습니다. 소감을 쓰는 시간도 전교생이 함께 하면 학생들의 표현 욕구는 더 커집니다.

또한 다음과 같은 실천을 도입한 초등학교가(중·고교도 있지만) 전국에 많아진다는 사실에 주목하고 싶습니다. 그것은 도서관 안이나 복도에 있는 게시판에, 예를 들어 '내가 추천하는 책'이라는 코너를 마련하여 아이들이 자유롭게 감동받은 책을 간단하게 소개하고 모든 학생이 볼 수 있게 해놓는 것입니다. 이 방법을 시도해 본 학교에서는 그 코너에 항상 사람이 꼭 차 있어서 새로 코너를 만들어야 할 정도로 인기가 많았다고 합니다.

아침독서와 '감동받은 한 권의 책'에 대한 작문 활동은, 기대 이상으로 큰 성과를 얻어 냈습니다. 작성된 글들은 교사가 예상치 못할 정도로 감동적인 내용이 많았다고 보고서에 기록되어 있습니다. 이러한 반향은 분명 아침독서운동을 추진하는 데 큰 도움이 되었으며, 그때까지 아침독서를 강하게 반대하거나 비판했던 교사들의 인식도 한꺼번에 바꾸어 주었습니다. '저런 아이가 책을 읽을 리가 없다.'고 생각했던 편견을 가졌던 교사가, 나중에 그 아이가 쓴 '내가 추천하는 책'의 글을 읽으며 눈물을 흘렸다는 이야기도 전해졌습니다.

이렇게 글을 쓰는 작업을 구체적으로 재구성하여 '마음의 무지개'라는 새로운 실천 방법을 만들었고, 그 방법이 전국에 퍼졌습니다. '마음의 무지개'란 한 학교의 한 학급(또는 한 학년, 전교)에 있는 모든 학생들에게 '아침독서 시간에 추천하고 싶은 책'이라는 제목으로 자신이 읽고 감동받은 책을 소개하는 글을 쓰게 하고, 미리 교사들이 교섭해 놓은 다른 학교의 한 학급의 학생들이 쓴 '아침독서 시간에 추천하고 싶은 책'의 글들을 맞교환하는 것입니다. 이때 교류하는 두 학급이 거리상 멀리 떨어져 있을수록 서로의 감동은 커지며, 한 반의 규모는 서로 비슷할수록 좋습니다. 학교와 반에 따라서는 글뿐만 아니라 정성을 듬뿍 담아 채색한 그림도 나누었습니다. 거의 동시에 보내고 받아 보기 때문에 도착했을 때엔 아이들의 환호성으로 교실이 떠나갈 듯했다고 합니다. 또한 이를 계기로 서로 편지를 나누고 학교와 학급을 소개하는 비디오 영상까지 교환할 정도로 발전하는 경우도 있었습니다.

이처럼 '소감을 쓰는 새로운 방법'에 못지않게 '읽기만 하는 작업'으로 발전된 일도 잊으면 안 됩니다. 그것은 '읽고 들려주는' 방법으로 발전된 것입니다. 보통 '읽고 들려주기'라고 하면 어머니나 선생님이 어린아이들에게 읽고 들려주는 구연동화 같은 모습을 상상합니다. 사실 아침독서가 널리 퍼져 나가 호응을 얻으면서 이런 구식 형태의 '읽고 들려주기'조차도 전국적으로 크게 확장되었습니다.

끝으로, 모든 학생이 책을 읽을 수 있게 되는, 아침독서가 만들어 낸 '읽고 들려주는' 실천 방법에 대한 얘기입니다. 예를 들어 한 반 (아니면 한 학년)의 모든 학생(예를 들어 6학년)이 1학년 교실에 가서 '읽고 들려주는' 역할을 맡는 것입니다. 그중에는 물론 아침독서를 실시하기 전에는 책을 한 권도 읽어 본 적이 없었던 학생들도 포함되어 있습니다.

이 방법도 전국적으로 확장되었고, 그중에는 말 그대로 '다 함께 하는' 일을 실천한 학교도 있다고 합니다. 즉, 6학년이 3학년에게, 5학년이 4학년에게, 4학년이 1학년에게 '읽고 들려주러' 각 교실을 방문합니다. 고학년 학생들은 실수하지 않도록 열심히 연습하고 저학년 학생들은 선배가 읽어 주는 날을 기대하면서 기다립니다.

'읽고 들려주는' 방법을 써 온 교사들의 소감 중 가장 감동받은 얘기는 아침독서를 실시하기 전에는 책을 거의 읽어 본 적이 없었고 낭독도 당연히 잘 못했던 학생일수록 자신이 등장하는 순서에 맞추어 시간이 있을 때마다 열심히 연습한다는 것이었습니다. 이것이 바로 '다 함께 하는' 아침독서 특유의 큰 성과라고 할 수 있습니다.

'아침독서'가 첫발을 내디딘 지 어느새 17년이 넘었습니다. 앞서 소개한 바와 같이 '아침독서추진협의회'의 조사에 따르면, 2007년 6월 29일 현재 전체 학교 중에서 '아침독서'를 실시하는 학교 수가 24,800개(초등 15,700교, 중학교 7,327교, 고교 1,773교)에 이릅니다.

게다가 실시 학교 대부분이 일정 정도의 성과를 올리고 있음이 확인되었고, 앞으로도 지금까지 거둔 성과 이상의 속도로 계속 보급될 것이 틀림없다고 여겨집니다.

여기까지 '아침독서'가 성장할 수 있었던 것은 두말할 필요도 없이 전국 각지에서 애써 준 수많은 교사들의 노력과 땀과 눈물 덕분입니다. 그 뜻에 동감해 주시고 동참해 주신 모든 분들에게 다시금 깊은 감사를 드립니다.

그리고 특히, 제가 병상에 있던 오랜 동안에도 항상 선두에 서서 힘겨운 대표 역할을 계속 맡아 주신 두 분, '아침독서추진협의회'의 오츠카 에미코 이사장님과 사가와 츠구스케 사무국장님께 특별한 감사의 말씀을 전합니다. 그 분들의 헌신적 노력이 있었기에 오늘날 '아침독서'의 고귀한 성장이 있었던 것입니다. 이 사실은 절대로 잊을 수 없으며, 또한 엄연한 역사적 사실임을 이 책에 밝혀 둡니다.

그 결과, 드디어 일본의 모든 초·중·고교에서 '아침독서'가 온전히 실현되는 날이 점점 가까워지고 있습니다.

하지만 현재 일본의 학교 현장에는, 좋아하는 책을 자유롭게 읽을 수 있는 아이들과 읽고 싶어도 읽을 수 있는 능력이 충분히 몸에 배지 못한 아이들이 공존하고 있습니다. 이것은 풀어야 할 냉정한 현실 문제입니다. 정말 '살아 나가기 위해서' 아침독서를 절실히 필요로 하면서도 여전히 '읽고 싶어도 읽을 수 없는' 아이들이 많이 있습니다. 하지만 '아침독서'가 절실히 필요한 그들에게 온전히 '아침독서'의 정신과 방법이 전해져 잘 실천되는지 의심스러운 것 또한 현실입니다. 현장의 상황은 지극히 유감스럽게도 혹시 그 반대 상황이 아닐까 하고 저는 몹시 염려하고 있습니다.

　　왜냐하면, 아침독서를 제창한 지 이미 17년이 지났음에도 일본 학교의 절반 가까운 수는 여전히 아침독서를 실천하고 있지 않습니다. 더욱이 대부분의 미실시 학교가 '책을 좋아하는 아이들을 위한 특별 독서 지도' 같은 교육활동을 실시했다는 뉴스조차 본 적이 없어서 안타깝기 이를 데 없습니다.

　　하지만 실제적 문제로서의 '아침독서'는 일본의 현행 교육체제 안에서만 보더라도, 실질적으로 아이들의 독해력을 향상시키는 데 큰 도움을 주고 있음이 증명되었습니다. 우리가 전국의 모든 학교에 아침독서운동을 실현시키려고 애쓰는 가장 중요한 근거가 바로 그 점입니다. 언제가 될지 모르지만, 일본의 현행 교육체제의 변화를 간절히 기다려 봅니다.

　　그런데 여기서 절대로 오해해서는 안 되는 것이 하나 있습니다. 그것은 일본 교육의 현실적이고 미래적인 과제로서, 결코 아이들의 독해력이나 기초학력을 향상시키는 것만이 중요하다고 단정 지을 수 없다는 점입니다. 교육은 그만큼 간단한 문제가 아니며, '아침독서'도 단지 모든 아이들의 독서력 향상만을 목표로 설정한 게 아닙니다.

특히 진정한 교육은 일상생활의 모든 측면과 관계를 맺는 것이며, 지극히 흔하게 존재하는 모든 주변 사람들과의 관계성 속에서 벌어지는 일상적 일들이라고 생각합니다. 그러므로 일본의 모든 초·중·고교가, 아침에 일어나면 얼굴을 씻는 것이 당연한 것처럼, '아침독서'를 지극히 흔하게 존재하는 일상생활의 일부로서 실천하게 되길 소망합니다. 그렇게 되었을 때 비로소 일본의 교육 현장과 사회는 뭔가 그 토대로부터 조금씩 본질적인 전환을 이루기 시작할 수 있다고 믿습니다.

'아침독서'는 분명 전국적으로 실현되어야 할 지극히 현실적이고 긴급한 과제입니다. 하지만 결코 그것만이 목적은 아닙니다. 단지 그것은 하나의 출발점에 지나지 않습니다.

새로 태어난 한 생명이 그 출발점에만 머물러 있지 않고 계속해서 성장해 가는 것이 본래의 목적인 것처럼, '아침독서'의 일상 속 평범한 지속을 통하여, 일본의 교육과 사회, 나아가서는 일본 국민 스스로가 어떤 성장을 이루어 갈 것인가가 바람직하게 조망될 것입니다. 바로 그것이 '아침독서'가 목표로 삼는 작지만 아득한 미래의 '꿈'입니다.

그리고 제게는 지극히 개인적인 '꿈'이 한 가지 더 있습니다.

그 꿈은 바로, 다니카와 슌타로 씨의 시 「아침 릴레이」에 자극 받은 것입니다.

아침 릴레이

다니카와 슌타로

캄챠카의 젊은이가
기린의 꿈을 꾸고 있을 때

멕시코의 아가씨는
아침 안개 속에서 버스를 기다린다

뉴욕의 소녀가
미소 지으며 몸을 뒤척일 때
로마의 소년은
건물 기둥을 물들이는 아침 해에 윙크한다

이 지구에서는
언제나 어디서나 아침이 시작되고 있다
우리는 '아침 릴레이'를 한다

경도(經度)로부터 경도로
그렇게 해서 교대로 지구를 지킨다

잠들기 전 한순간 귀를 기울이면
어디선가 먼 곳에서 자명종 벨이 울리고 있다
그것은 당신이 보낸 아침을
누군가가 제대로 받아들인 증거가 아닌가

지구에서는 항상 어디에 있든지 아침이 찾아옵니다. 그것도 매일 아침 순조롭게 작은 오차도 없이 확실한 릴레이가 시작됩니다.

우리의 '아침독서'가 언젠가 지구의 모든 곳에서 릴레이 되게 된다면…….

꿈의 릴레이! 그 이름은 '아침독서 지구 릴레이'.

여러분은 '아침독서'를 통해 어떤 꿈을 이루고 싶습니까?

❖덧붙임

제 건강이 좋지 않아 한 권의 책 안에 아침독서의 이상과 실천에 관한 내용들을 다 정리하려는 시도는 그야말로 꿈같은 일이었습니다. 저의 느린 집필 속도에도 불구하고, 흔들림 없이 믿고 기다려 주시고, 책이 완성되는 순간까지 격려해 주신 사이다 가즈오 선생을 비롯해 편집부의 선생님들 그리고 이 책의 완성을 위하여 물심양면으로 도움을 주신 여러분들께 진심으로 감사드립니다. 부디 전국의 초·중·고등학교 선생님들께서 이 책을 꼭 읽어 봐 주시길 간절히 소망합니다.

2007년 7월 7일 하야시 히로시

지은이 **하야시 히로시**는 일본 전국아침독서연락회 명예회장이다. 1943년 사이타마 현 출생. 도쿄대학 문학부 철학과 졸업. 출판사 근무와 이치가와가쿠엔 강사를 거쳐, 후나바 시가쿠엔 여자고등학교(현재 토요우 고등학교) 교사를 역임했다. 1988년부터 수업 전 10분 간의 '아침독서'를 제창했다. 1993년에 그동안의 실천기록을 묶은 『아침독서가 기적을 일 으키다』(高文研, 1993)를 출판, 1996년에는 '아침독서' 운동의 제창자로서, 그 공헌을 인정 받아 제44회 기쿠치칸 상을 수상했다.

옮긴이 **가미야마 미나코**는 일본 관세이가쿠인 대학 학부와 대학원 석사과정을 거쳐 박 사과정에서 연구 중이다. 연세대에서 1년간 교환유학생으로 공부했으며, 일본 시가 현 오 미교다이샤 중고등학교에서 교사로서 일했다. 이후 한국 성결대학교 일어일문학과 원어민 교수로 활동하기도 했다. 현재는 관세이가쿠인 고등부 교사(비상근 강사)로 학생들을 가르 치고 있으며, 한국인 남편과 함께 번역과 집필 작업을 하고 있다. 역서로는 『미국 선교사 와 한국 근대교육』(한국기독교역사연구소, 2007), 『原子力とわたしたちの未来―韓國キリス ト教の視点から』(大阪 : かんよう出版, 2012) 등이 있다.

옮긴이 **홍이표**는 연세대 학부에서 신학과 법학을 공부했고, 대학원에서 박사학위(기독교사 전공)를 취득했다. 그 후 일본 교토 대학 대학원 문학연구과 박사과정(사상문화학 전공)에 서 연구 중이다. 저서로는 『시대처럼 올 아침을 기다리며 : 한일병합 101년 한일 기독교인 의 대화』(공저, 대한기독교서회, 2011)가, 역서로는 『가가와 도요히코 : 일본 협동조합의 아 버지』(다행, 2013)가 있다.

ASA NO DOKUSYO

Copyright © 2007 by Hiroshi Hayashi
All right reserved.
First published in Japan in 2007 by HENSYUKOBO ISSEISHA
Korean translation rights aranged with HENSYUKOBO ISSEISHA
through Shinwon Agency Co.
Korean translation edition copyright © 2015 by Happy Morning Reading Corporation.

〈아침독서 총서 6〉
아침독서의 이상과 실천

첫판 1쇄 펴낸 날 2015년 2월 6일

지은이 하야시 히로시
옮긴이 가미야마 미나코 · 홍이표

펴낸이 한상수
편집 한희숙 유지현 김아름 박세희
디자인 강현정
표지디자인 이든디자인

펴낸곳 ⑷행복한아침독서
주소 (413-756) 경기도 파주시 문발로 115, 201호(문발동 세종출판벤처타운)
전화 (031) 955-7567 | **팩스** (031) 955-7569
전자우편 morningreading@hanmail.net
누리집 www.morningreading.org

ISBN 979-11-85352-52-7 14370
ISBN 978-89-960391-0-5 (세트)